PRINCIPES

DE

CULTURE RATIONNELLE DU CAFÉ

AU BRÉSIL

ÉTUDE SUR LES ENGRAIS A EMPLOYER

PAR

Le Dʳ DAFERT

Directeur de la Station agronomique de Vienne (Autriche)
Ancien directeur de l'Institut agronomique de l'État de São Paulo,
à Campinas (Brésil)

Traduit sur la 2ᵉ édition allemande

Par Albert COUTURIER, Ingénieur-agronome
Licencié ès sciences

PARIS

Augustin CHALLAMEL, Éditeur

RUE JACOB, 17

Librairie Maritime et Coloniale

1900

PRINCIPES

DE

CULTURE RATIONNELLE DU CAFÉ

AU BRÉSIL

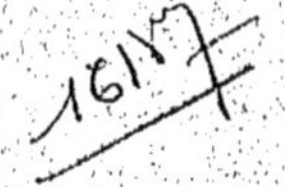

MACON, PROTAT FRÈRES, IMPRIMEURS.

PRINCIPES

DE

CULTURE RATIONNELLE DU CAFÉ

AU BRÉSIL

ÉTUDE SUR LES ENGRAIS A EMPLOYER

PAR

Le Dr DAFERT

Directeur de la Station agronomique de *Vienne* (Autriche)
Ancien directeur de l'Institut agronomique de l'État de São Paulo,
à *Campinas* (Brésil)

Traduit sur la 2e édition allemande.

Par Albert COUTURIER, Ingénieur-agronome
Licencié ès sciences

PARIS

Augustin CHALLAMEL, Éditeur

RUE JACOB, 17

Librairie Maritime et Coloniale

1900

PRINCIPES

DE

CULTURE RATIONNELLE DU CAFÉ
AU BRÉSIL

PREMIÈRE PARTIE

PRODUCTIVITÉ DES CAFÉERIES

On a répandu des notions si fausses sur les récoltes d'un plant de caféier et la durée de la période de production qu'il est nécessaire, avant d'aller plus loin, de fixer les idées sur ce point.

Il importe tout d'abord de bien distinguer la productivité *d'un plant moyen* de celle de *l'unité de surface*. Tandis que cette dernière varie peu, dans les mêmes conditions d'âge et de sol, la productivité d'un plant moyen, c'est-à-dire la quantité moyenne de café produit par pied dépend dans une large mesure de l'écartement des plants. Toutes les deux se modifient d'ailleurs considérablement par l'emploi des méthodes de culture perfectionnées et surtout par l'usage des engrais, et les chiffres que nous allons publier ont été obtenus sans engrais, ce qui est encore le cas le plus général.

Au Brésil, c'est à la quatrième année de plantation que la production commence à être assez abondante pour couvrir les frais de cueillette ; elle augmente ensuite peu à peu pour atteindre son maximum entre la quatorzième et la dix-huitième année et diminue au delà. Dans quelques cas exceptionnels, en sols très fertiles, il peut arriver qu'on récolte dès la deuxième année et c'est la règle pour les plants fumés. Le climat plus chaud et plus humide des Indes hollandaises et des Indes anglaises amène très rapidement les caféiers à la période de production, mais ils s'épuisent aussi plus vite.

La quantité moyenne de café (en grains) produite par un pied de caféier est d'environ 333 grammes dans les sols épuisés (par exemple dans l'État de Rio-de-Janeiro), et 800 à 900 grammes dans les terres un peu meilleures, comme celles des anciennes plantations de Sâo-Paulo ; elle est bien plus élevée dans les terres vierges et peut atteindre 1.788 grammes (plantation de la Companhia agricola, à Ribeirao Preto). La récolte la plus élevée qu'on ait observée jusqu'ici d'une manière certaine sans emploi des engrais, sur l'ensemble d'une grande plantation, est de 7 kil. 4 par arbre (moyenne des 1.200 arbres de la *Fazenda* Monte Bello, en 1895).

Mais la production individuelle peut dépasser de beaucoup ces limites et il n'est pas très rare de récolter tous les deux ou trois ans jusqu'à 15, 18 et même 20 kilog. sur des arbres isolés, dont il est souvent difficile de savoir s'ils ne se composent pas en réalité de quelques individus plantés très près et groupés en une seule masse. On n'a pas encore observé, sur les plantations traitées par les engrais, de récoltes supérieures aux maxima que nous venons d'indiquer ; mais la productivité moyenne s'augmente, sous l'action des engrais, d'environ 2 kilog. à 2 kilog. 1/2. Ces chiffres ont été recueillis au Brésil ; ils s'appliquent également aux caféries d'Abyssinie, d'Arabie, du Natal, de Costa-Rica et de Colombie. Ils diminuent au contraire dans les pays où on plante plus serré ; à Ceylan, le maximum est de 3^{lb} =

1.361 grammes et la moyenne de 1^{lb} = 454 grammes ; à
Sumatra, la récolte moyenne d'un plant varie de 340 à
567 grammes. Aux Célèbes, de 225 à 1.314. Il en est de
même à Cuba et à la Jamaïque.

Ramenée à l'unité de surface, à l'hectare, la récolte
moyenne s'élève au Brésil à 333 kilog. en sol épuisé, 800
en bonne terre, 1.350 en terre vierge de première qualité,
1.600 et même 2.000 kilog. sous l'action des engrais.
A Ceylan, elle ne dépasse jamais 1.200 kilog., et on y considère comme satisfaisante une récolte de 628 kilog. A Java
et à Sumatra, les meilleures récoltes atteignaient autrefois
à peine 1.000 kilog.; elles varient maintenant de 224 à
671 kilog. Aux Iles Fidji, la moyenne est de 501 à 628 kilog.
Le café Liberia y donne de meilleurs résultats ; à Malacca,
par exemple, on en a obtenu 1.272 kilog. par hectare d'une
plantation à l'âge de la plus haute productivité.

Les récoltes du caféier ne sont pas plus régulières que
celle des arbres fruitiers : comme ces dernières, elles
dépendent des variations atmosphériques et varient de plus
de 50 °/₀ d'une année à l'autre, une bonne récolte étant
presque toujours suivie d'une ou de deux médiocres ou
mauvaises.

C'est qu'aux bonnes années, beaucoup de bois à fruit est
détruit à cause de l'abondance de ces derniers et qu'il faut aux
arbres quelques années pour réparer ce dommage. Il n'existe
aucun remède capable d'empêcher ces accidents d'une
manière absolue; mais en donnant aux arbres une alimentation raisonnée, en les taillant convenablement et surtout
en enlevant une partie des fruits trop nombreux qu'ils
portent les bonnes années, il est possible de diminuer beaucoup l'importance de ces variations de récolte et de les
régulariser davantage.

Il est difficile de fixer d'une manière précise l'âge extrême auquel puisse parvenir le caféier; la découverte d'exemplaires très âgés aux Indes occidentales et à la Guyane montre qu'il peut atteindre 80 ans. Les plantations cessent bien plus tôt d'être productives, et l'âge à partir duquel leur exploitation n'est plus avantageuse dépend à un haut degré de l'écartement des plants, du mode de culture et de la situation; il varie beaucoup suivant les pays. C'est, en moyenne, l'âge de 30 ans, du moins pour l'Amérique centrale. Cette période de grande production est plus courte dans les Indes hollandaises et plus longue au Brésil où on connaît, en sol profond, des plantations bien soignées de plus de 50 ans qui ne présentent aucun caractère de vieillesse, tandis que d'autres plus jeunes sont encore à 20 et 30 ans en pleine productivité.

Il est d'ailleurs très probable que la fumure puisse prolonger la durée de cette période, car on est souvent frappé de la vigueur que reprennent soudain des plantations abandonnées, quand on les remet en culture.

Les deux facteurs les plus importants de la culture du café sont le climat et la distance de la côte; tous deux échappent à l'influence de l'homme et déterminent la valeur de chaque plantation. Actuellement, les plantations les mieux situées sont abandonnées ou sur le point d'atteindre la limite de la période de productivité. On pourrait remédier à cette situation fâcheuse en introduisant dans la culture du café les méthodes d'exploitation des forêts, de manière à n'avoir jamais de vieux arbres sur la plantation.

Aussi faut-il conseiller de renouveler les plantations dès qu'elles vieillissent, en installant de jeunes plants entre les rangées des vieux pieds ou entre ces pieds sur les rangées; les vieux pieds sont ensuite arrachés au fur et à mesure que les jeunes ont besoin d'air et de lumière.

Avant de terminer ces indications générales, il est bon

de faire remarquer qu'il n'y a aucune relation générale ni applicable à tous les pays entre le poids des baies et celui des grains de café, et qu'il n'est, par conséquent, pas possible de comparer les chiffres de récolte de divers pays s'ils ne sont pas exprimés en unités de même nature.

Ainsi, le déchet de baies est évalué dans le sud des Indes à 81.8 % en poids, c'est-à-dire que 100 kilog. de baies donnent 18 kilog. 2 de café marchand.

A Java, la perte varie de 81.7 à 79.5 % ; 100 kilog. de baies donnent, en moyenne, 20 kilog. 5 de café marchand, mais la proportion peut varier de 16 kilog. 7 à 25.

Les variations sont aussi grandes au Brésil et dépendent de la maturité des fruits récoltés.

Ainsi, pour obtenir la même quantité, 15 kilog. de café marchand, il faut :

Fruits desséchés, récoltés après maturité   80 litres de baies à 437 gr
Fruits bien mûrs.......................... 145   »   6   à 622 »
Fruits encore verts....................... 200   » . et plus à 600 »

Sur la même plantation, ce rapport varie aussi avec les années, et il a fallu pour obtenir toujours 15 kilog. de café marchand :

> 91 l. 4 de cerises en 1891-1892.
> 112 8   »   1892-1893.
> 96   7   »   1893-1894.
> 108 5   »   1894-1895.

Enfin, la fumure et la variété influent encore sur ces rapports. Tandis qu'on obtient, sans engrais, 29 kilog. 2 de café marchand sur 100 kilog. de cerises sèches, les arbres fortement fumés n'en donnent que 24 à 25 kilog. Le café *Maragogipe* donne 22 kilog. 8 de café marchand pour 100 kilog. de cerises, alors que le café *Nacional* n'en donne que 16 kilog. 5 et le café *Bourbon* 12 kilog. 5.

DEUXIÈME PARTIE

ÉTUDE DES FACTEURS DE LA PRODUCTION
DU CAFÉIER

Pour savoir si la culture du café réussira dans une région déterminée, il vaut beaucoup mieux l'essayer sur une petite surface que de chercher à tirer des conclusions des données réunies sur le pays, son climat, son sol et sa situation. L'expérience répond toujours mieux que les meilleures déductions théoriques.

S'il existe déjà des caféeries dans la région ou si le café y croît à l'état naturel, l'observation des plants rend toujours de grands services. Une méthode également populaire aux Indes, à Java et au Brésil consiste à étudier avec soin la végétation des forêts et à considérer comme se prêtant à la culture du café les points où vivent les plantes caractéristiques des localités fertiles et à l'abri des gelées.

Ainsi, la présence d'échantillons vigoureux du *Gallesia Gorazema Moq.*, à racines profondes, sensible aux gelées, est un aussi sûr garant de la réussite du café qu'une dizaine d'années d'observations sur une petite plantation d'essai. Il est évident que l'exubérance de la végétation des forêts est en relations étroites avec la fertilité du sol, mais cette méthode exige beaucoup d'expérience et une grande connaissance des conditions locales, tandis que l'essai du café sur de petites surfaces est à la portée de tous.

Quand l'essai a réussi et que la plantation est faite en grand, sa productivité dépend d'un certain nombre de fac-

teurs, dont il convient d'étudier l'influence. Ces facteurs
sont : le climat, la nature du sol, le choix de la semence,
le choix des plants et la façon dont on procède à la plantation, le travail du sol, les soins donnés aux arbres, et enfin
la nature de la variété cultivée.

1. Climat.

Le climat est déterminé en grande partie par l'altitude et
la latitude, mais ces données géographiques ne le caracté-
risent pas assez pour qu'on puisse fixer des limites précises
à la zone de culture du café.

Le café d'Arabie est cultivé du 28ᵉ degré de latitude nord
(État de Sonora, dans le golfe de Californie) au 30ᵉ degré
de latitude sud (Afrique orientale); on en trouve encore
quelques pieds, en plein air, en Sicile, à 36° de latitude
nord.

Aux Indes, il monte de 122 mètres au-dessus du niveau
de la mer, à Neduvengaud, jusqu'à 1.188 mètres à Travan-
core, et réussit surtout entre 914 et 1.372, entre 762 et
1.067 à Ceylan.

Au Brésil, dans l'État de Saint-Paul, on le cultive entre
500 et 800 mètres. Il monte bien plus haut dans les régions
plus rapprochées de l'équateur et atteint 2.500 mètres en
Abyssinie (à Liben, par 8° 30' de latitude nord au sud du
Choa).

Le café de Liberia supporte mieux les climats plus chauds
et plus humides et convient surtout aux régions basses.
Toutes les autres variétés cultivées ont les mêmes exigences
que le café d'Arabie; les situations où elles réussissent le
mieux, sous les tropiques, sont précisément celles dont le
climat convient le mieux aux Européens.

Au Brésil et en Bolivie, le café des hautes régions est considéré comme plus aromatique; mais ses grains sont plus petits et les récoltes moins abondantes. Dans les pays plus humides, au contraire, comme à Ceylan et aux Indes, le feuillage prend, au delà d'une certaine altitude, un développement exubérant, aux dépens des organes de fructification.

Les régions chaudes, à température constante, ne variant que de 15 à 27 degrés centigrades, sont l'habitat par excellence du café d'Arabie; mais elles présentent un grave inconvénient pratique, parce qu'en l'absence de saisons plus ou moins humides que les autres, les arbustes se couvrent de fleurs et de fruits toute l'année; c'est ce qui arrive, entre autres, à Saint-Domingue.

Les températures extrêmes supportées par le café sont les suivantes : les plus élevées à Podor (Sénégal) [moyenne annuelle, 28°1; mois le plus froid, 22°7; mois le plus chaud, 31°9], les plus basses à Newara Eliya (Ceylan) [moyenne annuelle, 15°; mois le plus froid, 14°3; le plus chaud, 16°3]; c'est une région à température constante. A Campinas, district célèbre par ses plantations de café, la température varie au contraire dans de larges limites : moyenne annuelle, 19°28: mois le plus froid, 13°71; mois le plus chaud, 24°03. Les gelées ne font pas périr les plants adultes, mais elles endommagent d'une manière sensible les jeunes pousses. Il serait par conséquent maladroit de cultiver du café dans une région où les gelées sont fréquentes, sous peine de supporter de ce chef des pertes considérables.

Par les temps calmes, le café supporte d'une façon remarquable l'abaissement de la température jusqu'à 0°, et on peut descendre à ce chiffre la température minima fixée jusqu'ici à + 5°. Une température très élevée par un temps sec n'a, par elle-même, aucune action sur la végétation du café, mais on observe assez souvent par des températures de 35°, par exemple, un sensible affaiblissement des plants.

Pendant les saisons fraîches, l'exposition subite des jeune plants à la lumière et aux rayons solaires produit de curieux accidents qui présentent les caractères d'une grave maladie et peuvent amener la chute des feuilles.

La répartition et l'importance des pluies ne présentent aucune uniformité dans les divers pays producteurs de café. Tandis qu'il tombe seulement 820^{mm} au Natal, il en tombe 4.000 dans l'ouest de Java, où il est très rare de voir se passer trois semaines sans pluies, alors que la sécheresse dure près de neuf mois en Arabie. Ce qui importe surtout, au point de vue pratique, c'est la distribution des pluies pendant l'année ; il faut un temps sec pour la récolte et des pluies convenablement réparties pendant la floraison.

A cette époque, qui correspond aux mois d'octobre, décembre et fin janvier à Saint-Paul, et aux mois de mars, avril et mai dans les Indes, des pluies persistantes ou trop violentes seraient aussi nuisibles que pourrait l'être une sécheresse prolongée avant et après l'épanouissement des fleurs. Enfin, si la récolte se fait au moment des pluies, on est obligé de préparer le café pour la vente par une méthode spéciale et de modifier en conséquence le mode d'exploitation.

Les orages à grêle anéantissent en quelques secondes les fleurs et les récoltes sans qu'aucun moyen permette de conjurer ce danger. Ils sont heureusement relativement rares dans les régions fraîches situées comme San-Paolo et Madagascar à la limite de culture du café.

Les plantations ont beaucoup à souffrir des vents, surtout lorsqu'ils persistent longtemps dans la même direction et qu'ils sont ou très froids ou très chauds et très secs.

Les vieux arbres perdent leurs feuilles du côté où le vent souffle et prennent la forme de balais, que les Brésiliens appellent « *vassouras* ». Les jeunes plants deviennent

« *wind-wrung* », suivant l'expression indienne, c'est-à-dire
que sous l'influence des secousses répétées que leur imprime
le vent, l'écorce se froisse au niveau du collet des racines ;
cet accident peut amener la mort des arbustes. Bien des
accidents, attribués aux gelées et connus à Sâo-Paulo sous
le nom de « *geadas* », doivent être mis aussi sur le compte
du vent, car on les a souvent observés sur diverses plantes
tropicales par des températures relativement basses, mais
toujours supérieures à 0° et pouvant aller jusqu'à 12°. Les
orages peuvent être aussi fort dangereux, mais tous les pays
n'en souffrent pas autant. C'est dans les Iles (Java, Ceylan,
Sumatra, Bourbon) qu'ils sont le plus à craindre, tandis
qu'ils causent bien moins de ravages au Brésil et dans les
Indes.

On peut reconnaître, par l'aspect des arbres dans la forêt,
les places exposées au vent ; les essences hautes et grêles y
prennent facilement des *formes caractéristiques* : elles sont
courbées dans la direction du vent dominant et presque tous
leurs rameaux se tournent de ce côté. A Ceylan, une plante,
le *doombegas-tree*, caractérise ces situations.

Un climat par trop humide, ayant plus de 80 °/₀ d'humidité comme moyenne annuelle, prédispose certainement le
café aux attaques des maladies cryptogamiques ; mais il
n'est pas possible de le prouver par des faits.

Les diverses variétés de café ont des exigences climatériques très diverses, et non seulement le café de Liberia
diffère sensiblement, à ce point de vue, du café d'Arabie,
mais encore, les variétés de cette dernière espèce diffèrent
beaucoup entre elles. Le *café commun* du Brésil résiste
bien mieux que le *café Bourbon* dans les situations défec-
tueuses ; ce dernier est plus sensible aux gelées que le café
Maragogipe. Le *café Moka de Bourbon* ne peut réussir qu'à
l'ombre, tandis que le café *Lecoq* de Sierra-Leone peut se
passer d'abri, etc...

2. Sol.

Les terres à café les plus renommées des Indes, de Java, de Costa-Rica ou du Brésil sont d'une profondeur véritablement extraordinaire, qui dépasse 20 mètres à Sâo-Paulo. Leur perméabilité et leur pouvoir hygroscopique sont tels qu'elles ne sont jamais ni trop mouillées ni desséchées. Ce sont là les qualités indispensables à la bonne réussite de la culture du café ; si l'une manque, la culture est impossible. Que le sol soit sableux, argileux ou calcaire, blanc, jaune, rouge ou chocolat, les plantations y sont vouées à un dépérissement rapide si le sous-sol ne permet pas aux racines pivotantes du café de s'enfoncer dans les couches profondes. Il arrive souvent qu'on voit des arbustes, plantés en terres fertiles où ils croissent rapidement, s'arrêter brusquement dans leur développement, dès que leurs racines ont atteint la roche sous-jacente. Mais on ne saurait cependant passer sous silence que les racines arrivent parfois, après un travail prodigieux, à s'insinuer au travers des fentes du sous-sol rocheux ; on peut alors voir, comme par exemple dans le Municipe de Alibaïa (au Brésil), des plantations établies en plein rocher et qui végètent du moins si elles ne sont pas florissantes.

La trop grande humidité du sol est des plus nuisibles ; quelques jours suffisent pour amener la mort des caféiers. Ils résistent davantage à la sécheresse et surtout quand ils s'y sont adaptés.

Il est évident qu'un sol fertile conviendra mieux au café qu'un sol pauvre : l'opinion généralement répandue que la plante ne pousse pas dans les sols de forêts récemment défrichés s'explique par la méthode employée pour le défrichement. On brûle sur place toute la végétation et on répand sur le sol une telle quantité de cendres qu'il conviendrait certainement mieux, à ce moment, à la fabrication de la potasse qu'à la culture; mais l'excès de sels est bientôt entraîné par les pluies. Les terrains volcaniques de formation récente sont préférables aux terrains sédimentaires à cause de leur richesse plus grande et peut-être aussi de leur couleur. Cependant, on a souvent remarqué que les sols estimés les meilleurs, d'après les idées européennes, se montrent précisément de qualité inférieure. Ainsi, de nombreux échantillons analysés à Campinas et pris sur des plantations renommées pour les produits sont des sables d'une extrême pauvreté; le Dr Wohltmann a fait tout récemment la même observation en Afrique. Cette contradiction apparente entre la composition du sol et la valeur de ses produits s'explique aisément par la profondeur à laquelle pénètrent les racines du café; elles disposent ainsi d'une masse considérable et la composition du sol a bien moins d'importance que pour les cultures européennes. Au point de vue pratique, on en conclura que la pauvreté du sol n'est pas un empêchement à la réussite du café; les propriétés physiques ont bien plus de valeur, et il n'y a pas lieu en général de se préoccuper de la composition chimique des terres à café; cette notion n'intervient qu'exceptionnellement, pour le calcul des formules d'engrais [1] (par exemple

---

1. Les exigences culturales toutes spéciales du café restent-elles les mêmes en toutes circonstances, ou se modifient-elles, au contraire, avec les conditions extérieures? Nous n'en savons encore rien, et ce que nous avons exposé sera probablement rectifié avant peu de temps. Les récoltes obtenues en culture extensive ne sont pas comparables à celles de la culture intensive : dans le premier cas, l'arbre s'épuise en efforts considérables pour enlever au sol les éléments nécessaires à sa vie; toute sa vigueur est employée à produire un appareil radiculaire dont le développement est excessif par rapport à la grandeur de l'arbuste. En culture intensive, ces efforts sont inutiles, et l'arbre, copieusement

dans les terres volcaniques et dans les terres calcaires). Le café occupe, sous les tropiques, la place de la vigne dans la zone tempérée; ces deux cultures réussissent et restent avantageuses dans des conditions où la vie de beaucoup d'autres serait impossible.

L'analyse chimique seule donne une idée exacte de la composition du sol; encore faut-il qu'elle tienne compte des conditions spéciales à la culture tropicale, et on ne saurait trop engager les planteurs à ne demander cet utile renseignement qu'aux laboratoires compétents.

Quand, par exemple, un planteur de Campinas fait analyser ses terres à Berlin, les résultats de cette analyse minutieuse et certainement très exacte ne lui apprennent rien sur l'aptitude de ses terres à produire du café. S'il envoie, au contraire, l'échantillon au laboratoire de Sâo-Paulo, on ne lui donnera que quelques chiffres, mais ces chiffres lui permettront de comparer sa terre à toutes celles dans lesquelles on a essayé la culture du café.

A titre d'exemple, et sans vouloir appliquer ces chiffres aux autres pays, voici les résultats auxquels nous ont amené des centaines d'analyses (par la méthode de Grandeau modifiée par Hilgard) des terres de l'État de Campinas :

nourri, peut utiliser la plus grande partie de ses forces à l'élaboration de récoltes abondantes.

A ce point de vue, le développement excessif des racines du caféier dans les sols brésiliens ne serait pas un fait normal, mais la conséquence de la pauvreté des terres, et nous recommandons ce sujet aux recherches des stations des autres pays. — Nous rappellerons que les ramifications chevelues des racines, qui courent horizontalement, soi-disant à la recherche de l'eau, sont d'autant plus longues que le sol est plus sec : il y a là une analogie frappante. — L'importance pratique de l'usage des engrais naturels ou chimiques augmentera beaucoup si les observations ultérieures confirment nos idées, car les engrais permettront de planter le café dans des terres que leur manque de fonds fait actuellement sans valeur.

A Sào-Paulo, les terres des riches plantations contiennent plus de 0.1 % de potasse, de chaux, d'azote et d'acide phosphorique, tandis que les plantations de production moyenne en contiennent toujours moins. Ce sont là des données fort utiles pour l'emploi des engrais. On obtiendrait ailleurs d'autres chiffres, bien que les résultats obtenus par Wohltmann en Afrique, Awerdam aux Iles Sandwich, et Rigaud à Madagascar soient assez concordants. Le travail est d'autant plus facile et les conclusions pratiques d'autant plus certaines que la constitution géologique est plus simple. On ne peut que souhaiter vivement une entente complète entre les stations des régions tropicales et, en particulier, l'identification des méthodes d'analyses, permettant d'obtenir des chiffres comparables.

La présence d'une certaine quantité d'humus dans le sol est indispensable; c'est une vérité universellement reconnue. Un exemple en montrera l'importance. Le café, planté sur un défrichement de forêt, débarrassé de ses cendres, atteint très rapidement un magnifique développement. Si, une dizaine d'années plus tard, on fait de nouvelles plantations entre les anciennes lignes, les choses ont bien changé : la croissance est bien plus lente et les nouveaux plants n'atteignent jamais la vigueur de la première génération; leurs feuilles ne sont pas si foncées en couleur. L'application d'engrais minéraux ne modifie pas la situation; mais dès qu'on met du fumier au pied des arbustes, on les voit pousser avec une nouvelle vigueur et atteindre bientôt le développement qu'avaient pris leurs aînés. Pourquoi cette différence d'action entre les engrais chimiques et le fumier? Tout simplement parce que le fumier seul peut rendre au sol les matières organiques qui lui faisaient défaut. On peut encore en donner l'explication suivante, basée sur une hypothèse tirée des beaux travaux de Hilgard et confirmée à

Campinas par nos propres observations : Il semble qu'il y ait deux sortes d'humus, suivant la nature *aride* ou *humide* de la région où se trouve le sol et que ces deux formes puissent passer de l'une à l'autre, sur le même sol, quand les conditions de température et d'humidité changent. L'humus des *régions humides* surtout se transforme aisément en humus *aride*. Les deux formes ont d'ailleurs sur les plantes une action très différente. L'humus humide augmente le pouvoir absorbant du sol pour l'eau et les matières minérales, facilite la mise en liberté, lente mais continuelle, de certains principes fertilisants sous une forme assimilable, provoque un dégagement d'acide carbonique et facilite peut-être la vie de micro-organismes utiles. Il n'en est pas de même de l'humus *aride*, et on a souvent constaté par expérience que dans les sols qui en contenaient beaucoup, les fumures organiques produisaient des effets très marqués, alors qu'elles restent sans action dans les sols richement pourvus d'humus humide.

Or, le café d'Arabie préfère les régions modérément ou périodiquement *arides* aux régions *humides* ; il faut donc y favoriser le plus possible la formation de matières humiques actives par l'emploi de fumier et d'autres produits analogues. Il est bien plus difficile d'aider à leur maintien dans le sol où elles se sont formées.

D'après nos observations, le fumier, les pulpes de café, les composts, etc., subissent les mêmes modifications que les matières organiques du sol et peuvent donner naissance, suivant les circonstances, à de l'humus *humide* ou *aride*. Ainsi, quand la température et l'humidité sont convenables, le fumier se transforme en matières *humiques*, utiles à la végétation ; tandis que, dans d'autres cas, il se dessèche et donne un engrais pailleux sans aucune valeur. De même pour les engrais verts, ils ne sont d'aucune utilité si les circonstances ne se prêtent pas à la transformation des matières végétales enfouies en humus actif.

Le fumier doit donc être la base de toutes les cultures tropicales; les planteurs indiens et brésiliens l'ont reconnu, et nous l'avons établi par les expériences dont il est rendu compte plus loin.

Les transformations de l'azote et son rôle dans la culture tropicale sont étroitement liées à la question des matières humiques. Dans ces chaudes régions, la formation des nitrates dans le sol et la production dans l'atmosphère de combinaisons azotées assimilables sont incomparablement plus actives que dans la zone tempérée. Mais à ces conditions favorables à la culture s'oppose l'énorme développement des organismes inférieurs fixateurs d'azote et producteurs de matières organiques. Les substances humiques semblent ainsi être la seule forme stable des matières azotées.

3. Choix des semences.

Dans tous les pays producteurs de café, on attache beaucoup d'importance à ce que les graines pour semence proviennent de cerises bien mûres et d'un rouge foncé. Au Brésil, on choisit à mi-hauteur de l'arbre les plus grosses cerises placées vers le milieu des branches. On les expose quelque temps au soleil, puis on les dépulpe à la main et on sème les graines entourées de leur enveloppe parchemineuse. Aux Indes, on les dépulpe aussitôt cueillies et on fait ensuite sécher les graines à l'ombre.

Pour obtenir un litre de graines, il faudrait environ 962 cerises d'après Rigand (Indes), de 275 à 415, d'après Lock (Ceylan); on compte au Brésil qu'il en faut de 453 à 770 pour le café National, 419 à 637 pour le café Bourbon,

240 à 480 pour le café Maragogipe (on en compte à Java 200 à 250, d'après Berkhout) et de 400 à 770 pour le café Botocatu. Le kilogramme de graines prêtes à semer en contient environ 5.500 à Java (Berkhout), un peu moins au Brésil : 2.530 pour le National, 2.600 pour le Bourbon, 1.210 pour le Maragogipe et 3.125 pour le Botocatu. Les graines du café perdent très vite la faculté de germer ; cependant, elle persiste parfois près d'un an. La germination des meilleures graines commence trois semaines après le semis, en temps chaud et humide ; la plupart ne germent qu'après six semaines et quelques-unes seulement après quelques mois. Je n'ai jamais pu arriver à en faire germer plus de 90 °/₀.

4. Mode de plantation.

On multipliait autrefois le café par boutures ; cette méthode est abandonnée depuis longtemps presque partout et elle est appelée à disparaître des points où on l'emploie encore. Le choix se limite aujourd'hui à deux façons d'agir : le *semis en places* et le *semis en couches* ou en *pépinières*. Il est d'une grande importance de choisir le mode qui s'applique le mieux aux circonstances locales.

Le semis en places est le procédé le plus économique ; mais il donne des plants irréguliers et faibles : ceux qui réussissent sont néanmoins très résistants aux rayons solaires et peu exigeants, puisque le sol maigre de la plantation leur a suffi.

On obtient de meilleurs résultats en repiquant des plants de un à deux ans, semés sur des couches qu'on expose peu à peu à la pleine lumière, et c'est ainsi qu'on procède actuellement presque partout, aussi bien aux Indes qu'au Brésil.

La pépinière est établie, de préférence, dans une clairière, de telle sorte que les plants soient tout d'abord complètement à l'ombre, puisqu'ils arrivent par degrés à la pleine lumière. On a soin de la placer en pente douce, au centre de l'exploitation, d'y ménager des fossés d'écoulement pour les eaux et de l'enclore, s'il est nécessaire, comme aux Indes, par exemple. Le voisinage de l'eau est d'une nécessité absolue, mais le système de submersion périodique des pépinières, usité à Ceylan, a l'inconvénient de durcir le sol. Le point choisi est débarrassé des mauvaises herbes et défoncé à 20 à 30^{cm} ; on y établit des couches de forme allongée et larges de 60^{cm}, dans lesquelles on fait le semis en lignes écartées de 15 à 25^{cm}. Les graines sont espacées sur les lignes d'au moins 2^{cm} $^1/_2$, et il vaut mieux les écarter davantage.

Quand les plants ont deux à quatre feuilles, c'est-à-dire au bout de quelques mois, on les repique en carrés à 20 ou 30^{cm}, en prenant grand soin de ne pas abîmer les racines.

Aux Indes, on recouvre le sol de paillons et même quelquefois de feuilles sèches ; mais ces précautions sont inutiles au Brésil. Il est dangereux d'entretenir autour des pieds des cuvettes remplies d'eau, qui sont plus nuisibles qu'utiles ; il faut aussi éviter d'enterrer trop profondément les plants au repiquage, sous peine de les voir mourir de pourriture des racines au niveau du collet. A Ceylan et aux Indes, d'après Lock, on empêche les attaques des chenilles qui dévorent le collet en l'entourant de bandes de papier de 0.075 ; il n'est fort heureusement pas nécessaire d'employer ce remède au Brésil, où il reviendrait d'ailleurs trop cher. — Nous avons observé que les jeunes plants poussent mieux quand on les taille pendant la saison sèche et fraîche ; c'est l'inverse pour la saison des pluies.

Il n'y a pas place, dans ce mode de culture, pour l'emploi

des engrais; sinon, on obtiendrait des plants trop délicats pour vivre dans les sols maigres des plantations. Ils souffrent déjà bien assez du changement de sol, en passant de la terre de forêt à celle des plantations. Cette méthode donne néanmoins de bons plants et permet surtout d'abréger leur

Fig. 1. — Café de Liberia à six mois de plantation.

croissance; elle revient plus cher que la précédente, mais elle reste avantageuse dans les conditions normales de culture.

Le système le plus intensif est un véritable jardinage, dans lequel on soigne les plants jusqu'à ce qu'on ait des arbustes vigoureux, résistant au soleil. Pour les mettre en place, on les arrache avec la motte dont la composition est voisine de celle de la plantation. Le forçage des plants est

Fig. 2. — Café de Liberia à un an de plantation

facilité par l'emploi du fumier et même des engrais chimiques, quand il y a lieu. Il faut mettre le fumier au défon cement de la pépinière et non quand elle commence à montrer des signes d'épuisement, comme on fait à Ceylan; on renouvelle ensuite régulièrement la fumure, chaque fois qu'on refait la couche. En opérant ainsi, on peut gagner un an et demi, et cette avance se traduit par de sensibles bénéfices. Enfin, il convient d'employer à ces travaux des ouvriers intelligents, de les diriger et de les surveiller constamment. — M. A. Brunner, planteur à Helyana- landen, près de Palembang (Sumatra), m'a informé que l'influence des engrais sur les plants en pépinière est telle qu'elle lui a permis d'obtenir à six mois des plants munis d'une ou deux paires de rameaux et bons à la plantation. Les figures 1 et 2 confirment cette observation.

Je n'ai jamais vu pratiquer et je n'ai pas non plus essayé le semis en pots de bouse de vache; cette méthode n'est guère praticable; les pots n'ont pas plus de 9 centimètres de diamètre et seraient trop petits pour cet usage; ils n'offrent pas non plus assez de résistance pour se maintenir pendant quelques mois.

D'ailleurs, le caféier ne supporterait pas un séjour pro- longé dans des pots, et c'est pourquoi nous avons au Brésil l'habitude, introduite de l'Inde, de mettre les plantes quelque temps avant la mise en place dans de grandes cor- beilles en bambous de 0 m. 25 sur 0 m. 25; ce mode d'opérer est un peu cher, mais on évite ainsi les manques. Aussi est-il entré dans la pratique; il est parfait au point de vue technique, puisqu'on est, pour ainsi dire, sûr de la réussite de tous les plants. A Ceylan, on a essayé de rem- placer les pots par des calebasses.

5. Points importants à considérer à la plantation.

a) *Choix de l'emplacement.*

En culture extensive, on donnera la préférence au sol de forêt dans lequel une importante somme de fertilité s'est accumulée avec le temps.

En culture intensive, on peut aussi planter en terre nue, dont la préparation nécessite un bien moindre travail.

Les sols reboisés se placent entre les deux. D'après ces considérations, il faut planter autant que possible en *forêt* et s'adresser, à défaut de forêt, aux sols reboisés d'abord, aux terres nues ensuite : 1 °/₀ à peine des plantations actuelles sont établies dans cette dernière station.

b) *Préparation du sol.*

Dans quelques contrées des Indes, où le mode primitif de culture à l'ombre est encore en usage, on se contente de faire dans la forêt un éclaircissage sérieux.

Ailleurs, on défriche par le feu, après avoir abattu les arbres, soit pied par pied, comme au Brésil, soit en bloc, par des procédés artificiels, comme au sud des Indes. Les arbres géants résistent à la hache et au couperet (le *fouce* des Brésiliens et le *cattic* des Indiens) et se transforment, au contact des flammes, en troncs calcinés, témoins de la puissance destructrice de l'homme auprès des générations futures. Étant donnée l'exubérance de la végétation dans les forêts vierges tropicales, on comprend que ce mode primitif résiste à toutes les plaintes dont il a déjà été l'objet; mais c'est faire une mauvaise opération que de planter dans un sol ainsi préparé, c'est-à-dire non débarrassé des souches et des troncs d'arbres; les appareils du type des « Benett's stump Puller » n'exigent, en moyenne, que 1/6 de journée par arbre, et c'est une dépense faible devant les avantages qu'elle procure. Quand le sol est complètement libre, on peut planter en lignes régulières et employer les machines à l'entretien de la plantation; de cette façon, les grosses dépenses d'installation s'amortissent rapidement, en même temps que les frais d'entretien diminuent d'un bon tiers.

Il est possible d'éviter la destruction de l'humus par l'incendie en déchaussant le sol avant d'y mettre le feu, mais ce procédé n'est pratique que si la main-d'œuvre est abondante. On emploie dans l'Inde méridionale une autre méthode plus économique et qui devrait se généraliser, surtout en culture extensive : elle consiste à creuser des trous carrés de $45^{cm} \times 45^{cm}$ avec au moins 60^{cm} de profondeur avant l'abatage des gros arbres, mais après avoir enlevé le sous-bois. Ces trous, destinés à recevoir les jeunes caféiers à la plantation, sont remplis d'une bonne terre de forêt, riche en humus et protégée contre l'action du feu par une épaisse couverture de terre morte. On assure de cette façon à bon compte l'alimentation des plants, mais il est difficile de placer ces trous en lignes régulières; un homme peut en creuser 40 à 50 par jour et en remplir 100.

Pour assurer le développement ultérieur des caféiers et faciliter les travaux d'entretien de la plantation, il est bon de donner avant la mise en place un ou deux labours à 15^{cm}, comme on le fait depuis quelques années dans les plantations brésiliennes.

c) *Les trous de plantation.*

On creuse des trous pour y planter les plants; ces trous doivent être très profonds, assez larges et remplis d'une bonne terre de forêt ou d'une fumure appropriée ; ce sont trois conditions indispensables au succès de la plantation et que rien ne pourrait remplacer.

La profondeur la plus générale est de 50^{cm} au Brésil, tandis qu'on va, dans d'autres pays, jusqu'à 70^{cm} ; les trous sont toujours carrés avec une largeur de 25 à 50^{cm} ; on accuse les trous circulaires de rendre les arbres *pot bound*. Il est bon de laisser la terre se tasser au fond des trous avant d'y mettre les plants ; mais il est inutile, au Brésil tout au moins, de creuser les trous plusieurs mois à l'avance, comme on fait à Java et à Ceylan.

Les plants sont trop espacés pour qu'on puisse creuser, à la mode javanaise, des fossés au lieu de trous pour la plantation.

d) *La mise en place.*

La mise en place des plants cultivés dans des corbeilles est très simple ; il suffit de les transporter à la place qu'ils doivent occuper et de les y enterrer. S'ils sont déjà habitués au soleil, ils ne réclament même aucune précaution spéciale, ni d'arrosage.

On doit au contraire se garder avec soin de la sécheresse dans tous les autres cas, et si la mise en place n'a pas lieu par un temps pluvieux, il faut arroser les plants jusqu'à leur reprise complète, sous peine d'avoir à remplacer de nombreux manquants.

Les plants sont bons à être repiqués définitivement après un à quatre ans de pépinière, suivant les soins qu'on leur a donnés ; on en jugera seulement par l'état de leur développement, sans tenir compte de leur âge.

Ce sont les plants âgés et taillés, ayant au moins la grosseur d'un crayon et déjà ramifiés qui souffrent le moins de la chaleur et de la sécheresse. On en coupe la racine principale à 25^{cm}, en prenant garde de ne pas blesser les radicelles, et la tige à 15^{cm} au-dessus du collet. La croissance est lente pendant la première année, mais elle s'active ensuite et les plants récupèrent bien vite tous leurs organes. Toutefois, les ramifications des plants taillés se détachent assez facilement de la tige et cet accident est la cause de pertes de temps.

La reprise des pieds transplantés en mottes et surtout celle des pieds simplement repiqués est bien moins certaine; il faut avoir soin, comme au premier repiquage, de placer les racines dans leur situation normale et de supprimer les radicelles, et même l'extrémité de la racine principale tant qu'elles sont desséchées ou blessées. La racine principale mourrait et serait remplacée par une ramification.

On évite les dangers d'une insolation trop vive pendant les premières semaines en abritant les plants sous de grands cônes en paille, qu'on emploie aussi parfois sur les semis. Certains planteurs préfèrent cependant donner de l'ombre à leurs semis en semant, soit un peu avant le café, soit en même temps, quelques graines de ricin ou de maïs. Ces plantes se développent rapidement et donnent aux caféiers en germination une ombre protectrice ; mais ils les gênent aussi dans leur développement, au début même de leur existence, et ce système doit être abandonné malgré ses avantages apparents.

Rien ne remplace la main de l'homme pour tous ces travaux, pas même les nouvelles arracheuses doubles américaines, essayées sans succès au Mexique.

Aux Indes, on fixe les jeunes plants à des tuteurs de 75 à 90^{cm} de long; la rareté des orages au Brésil rend cette précaution inutile.

e) *Époque de la plantation.*

En procédant avec précaution, on peut planter en toutes saisons; mais il est préférable, pour diminuer les frais, d'opérer autant que possible au début de la saison dés pluies ou avant sa fin.

On a remarqué au Brésil que les plants les plus vigoureux sont tirés de couches ou de pépinières établies pendant le mois de juillet, le plus froid de l'année. Aux Indes, on préfère, au contraire, le mois d'octobre.

f) *Écartement des plants.*

Au Brésil on plantait autrefois très serré, à 2 ou 3 m. ; aujourd'hui, on est arrivé à 4 à 5 m. Aux Indes, on plante, dans le sud, à 1 m. 2 à 1 m. 4; dans l'ouest et à Java, à 3 m. à 3 m. 6 ; la diversité des climats et les variétés ne suffisent pas à justifier de tels écarts, qui vont presque à 4 mètres.

Avec l'écartement des rangées, jusqu'à une certaine limite, augmentent la facilité des travaux de culture, le développement et la durée de la plantation ; c'est aussi un bon préservatif contre la transmission des maladies cryptogamiques. Mais il faut aussi reconnaître que l'ancien système avait du bon. Pour une récolte presque égale, la surface à cultiver était bien moindre, et surtout le manque d'air et de lumière, résultant de l'extrême voisinage des plants, empêchait la croissance des mauvaises herbes et réduisait beaucoup le travail. Les noirs de la Côte-d'Or sont arrivés, dans cette direction, à un résultat qui mérite d'être cité ; d'après l'obligeante communication de M. Henri Kurtz, missionnaire à Accra, ils plantent à 0 m. 90 seulement et n'ont aucun soin à donner à leurs caféiers, mais les arbres meurent au bout de deux ans.

L'ancienne méthode a été abandonnée au Brésil parce que les planteurs trouvent avantage, avec le temps, à donner plus de soins à leurs arbres, mais à récolter davantage qu'ils ne le feraient en plantant serré; car il est indéniable que la plantation en rangs serrés amène une diminution dans la production. A l'aide des données recueillies sur la productivité des plantations conduites de diverse façon, on peut admettre, sans grande erreur, qu'une surface donnée produit à peu près la même récolte quel que soit le nombre d'arbres qu'elle porte, toutes conditions identiques d'ailleurs.

La seule différence entre les deux systèmes est dans le mode d'utilisation des engrais, capital mobile enfoui dans le sol; la plantation à rangs serrés l'utilise rapidement, mais d'une manière incomplète; avec la plantation en lignes écartées, les résultats sont plus lents, mais aussi plus certains et plus durables.

Les limites raisonnables au Brésil sont 3 m. 1/2 et 4 m. 1/2 pour le café d'Arabie; des lignes plus ou moins écartées ne conviennent pas. On ne connaît pas encore les nombres qui s'appliquent aux autres variétés et aux autres pays.

On emploie depuis quelque temps à Madagascar et sur d'autres points (Sumatra par exemple) une méthode qui réunit les avantages des deux systèmes que nous venons d'étudier. Elle consiste à planter en rangs serrés pour enlever un peu plus tard les plants en excès et ne garder que des lignes à écartement normal.

g) *Arbres à ombre.*

Dans beaucoup de pays à café, aux Indes et à Java, on se contente de laisser en place des arbres destinés à ombrager la plantation ; on en replante dans d'autres pays où la culture est plus avancée. Ailleurs, le maïs, les haricots ou d'autres plantes alimentaires sont cultivées entre les rangées, pendant les premières années (Brésil, Ceylan autrefois), et ces cultures intercalaires prennent, dans l'ouest des Indes, une telle importance qu'on peut se demander si le café n'est pas devenu la culture accessoire.

La culture du café à l'ombre convient aux pays dont le climat est trop sec ou trop chaud pour la variété cultivée (sud des Indes, Madagascar en partie). Ailleurs, elle provoque un développement exagéré du feuillage, aux dépens des fruits, et rend la maturité très difficile.

Il faut toutefois lui reconnaître les avantages suivants :

1° Elle empêche l'entraînement de la terre fine par les violentes pluies tropicales ;

2° Les feuilles mortes des arbres à ombre se transforment en humus ;

3° Les arbres sont habités par de nombreux oiseaux qui recherchent et détruisent les insectes nuisibles ;

4° Le café ne souffre presque pas pendant les grandes sécheresses ;

5° L'ombre facilite l'exécution du travail ;

6° Enfin, on peut choisir les arbres de telle sorte que la chute de leurs feuilles constitue une fumure azotée ;

7° En laissant les arbres en place, d'après le procédé le plus primitif, on épargne l'humus du sol, puisqu'il n'est pas incendié et on réduit en même temps les frais de culture.

Il peut encore se faire que le bois produit par les arbres à ombre ait une valeur assez grande pour mériter d'entrer en ligne de compte.

On reproche à la culture à l'ombre :

1° De causer une notable diminution des récoltes, qui n'est pas compensée par la durée plus longue des plantations ;

2° De faciliter l'attaque et la propagation des maladies cryptogamiques.

Et, quand on suit les anciens errements, le sol n'est pas débarrassé des mauvaises graines par le feu.

Dans ce dernier cas, on conserve tout simplement les plus beaux arbres de la forêt, sur le point destiné à être complanté ; on évite ainsi la plus grande part des frais d'installation, mais il faut renoncer pour la suite à se servir des machines. Quand on prend le soin de planter des arbres à ombre, il faut le faire de telle sorte que leur nature, leur nombre et leur répartition soient appropriées aux circonstances locales. On se base, pour le choix des plantes à cultiver dans ce but, sur des considérations très diverses, suivant les pays. Autrefois on s'attachait surtout à planter des essences à produits utiles (bois, fruits), qui formaient de véritables cultures accessoires. Maintenant, on donne la préférence aux espèces fixatrices d'azote. Voici quelques-unes des espèces choisies pour assurer l'ombrage des plantations.

Au sud de l'Inde, à Java et Sumatra, le Jack-tree (*Artocarpus integrifolia*. L.), le dadap (*Hypophorus subumbrans* Hssk) ; dans l'Amérique centrale et méridionale, le Ficus religiosa. L. (*Pépul* en indien, *Figueira branca* en portugais), et l'acacia d'Asie (*Albizzia Moluccana*. Miq) ; à Madagascar (*Melia Azedarach*. L.).

Il est curieux de signaler qu'à Cayenne les rôles sont renversés ; le caféier taillé à hautes tiges y sert d'ombrage aux cacaoyers.

h) *Cultures intercalaires*.

Les cultures de plantes alimentaires sont tout à fait à leur place dans les caféeries, pendant les premières années, alors que le café ne peut profiter ni des espaces libres entre les

rangs, ni de la lumière qui les éclaire; elles ne peuvent
être que directement utiles au café et diminuent à coup sûr
les frais d'entretien. Plus tard, au contraire, l'expérience a
démontré leurs inconvénients, et elles doivent être sévère-
ment exclues des plantations arrivées à leur plein développement. Elles y ont cependant persisté presque partout,
pour des causes économiques, contre lesquelles les meilleurs
raisonnements restent impuissants; quand, par exemple, la
culture *vampire* est la seule possible à cause de l'insuffisance
du capital et de la main-d'œuvre, on est bien obligé de faire
des cultures intercalaires.

La question est toute différente avec l'emploi des engrais;
il faut alors choisir, dans chaque cas particulier, la solution
la plus avantageuse. Tantôt, il sera préférable de cultiver
les plantes alimentaires dans les caféeries, même en leur
donnant des engrais (Natal); tantôt, au contraire, on trou-
vera plus d'avantage à les cultiver ailleurs; mais, si les
conditions locales permettent des cultures intercalaires, il
faudrait leur donner les soins les mieux entendus (culture
en lignes, travail à la machine, etc.).

6. Culture, travail du sol et soins à donner aux arbres.

Le café est extrêmement sensible à la culture soignée et
régulière; on ne saurait trop le répéter aux planteurs, en
attirant en même temps leur attention sur les dangers d'un
ameublissement excessif du sol. Les pluies entraînent facilement dans un sol trop meuble des quantités notables de
terre fine, riche en humus, et, d'autre part, un ameublissement trop profond, qui ramène à la surface de la terre
morte et dépourvue de matières organiques, est plus nuisible qu'utile.

Sous le climat sec du Brésil, il faut biner la plantation de trois à cinq fois par an, en détruisant avec soin chaque fois jusqu'aux moindres traces d'herbes. Ce travail s'effectue, en partie à l'aide de machines, en partie à la main.

Les houes à cheval, de Sack (Leipzig), du type à deux chevaux construit spécialement pour les tropiques, et munies de la série VI de pièces de rechange, conviennent surtout aux jeunes plantations ; on les y fait passer en long et en travers ; pour les vieilles plantations ou pour les plantations à rangs serrés, il est préférable de faire passer entre les lignes les « Planet jun. No 5 », un peu faibles de construction, qui travaillent le sol à 0.10 et donnent d'excellents résultats.

Pour éviter de blesser les plants, on laisse autour d'eux un espace libre, de 0.40 de rayon pour les jeunes pieds et de 1 m. pour les vieux (environ le diamètre de la couronne), et cet espace est travaillé à la main à l'aide d'outils spéciaux (*enxada*, en brésilien ; *mammotié*, en indien).

Avec les houes à cheval, un homme et son attelage d'un à deux mulets peuvent biner 1.000 arbres par jour, même par la grande chaleur ; pour le reste du travail, qui se fait à la main, la moyenne quotidienne est de 300 arbres. Moins on fait de binages, plus chacun d'eux est difficile et, par suite, onéreux. Ce serait une prodigalité inutile que de vouloir tout faire à la main, un pareil travail exigeant trois à quatre fois plus de temps qu'avec les machines. Il est de fait qu'au Brésil on n'a recours au seul travail des noirs que si la main-d'œuvre est exceptionnellement bon marché, ou si la situation de la plantation rend impossible le travail des machines.

La situation est toute différente aux Indes : l'humidité du climat facilite le développement des mauvaises herbes ; le rapprochement des plants empêche l'emploi des machines,

et la main-d'œuvre s'y trouve, en abondance, à bon marché.
Il n'est pas rare d'y voir faire jusqu'à 24 sarclages (*carpa*,
en portugais; *weed*, en indien) à la main, et cela depuis
l'origine des cultures. Java et Sumatra tiennent le milieu
entre le Brésil et l'Inde; on n'y fait pas de sarclages avant
que l'arbre ne soit arrivé à fruit.

Mais on est d'accord sur les points suivants dans tous les
pays producteurs de café :

1º Ne pas laisser grainer les mauvaises herbes;

2º Détruire avec soin les plantes qui se multiplient par
rejets, parce que ce sont les plus dangereuses.

3º Sarcler par un temps sec;

4º Ne jamais cultiver de plantes fourragères dans l'inter-
valle des pieds de café; les caféeries ne peuvent fournir
deux récoltes à la fois et si le fourrage est abondant, le café
en pâtira. C'est au planteur de décider s'il veut récolter
l'un ou l'autre.

Il faut passer la charrue dans les plantations si le sol a,
pour une raison quelconque, tendance à s'écrouter ou s'il
est dur par nature; il suffit alors de labourer entre les lignes
tous les deux ou trois ans, en creusant des sillons d'horizon-
talité parfaite.

A Java, on bêche à 30 à 40^{cm} (fesca), deux fois par an,
si possible. Dans les plantations en terrasses de Java, de
Ceylan et des Indes, il faut avoir soin de recouper seulement
les talus, sans les labourer puisqu'ils servent à maintenir
les terres.

Voici encore quelques autres procédés de travail du sol
en usage sur quelques points des Indes :

1º On déchausse le sol sans le retourner avec des espèces
de piques ou de fourches; la houe à cheval, munie de lames
appropriées, exécute mieux et plus rapidement le même
travail;

2° Sous le nom de *Mulching*, on couvre le sol autour des arbres d'une couche de paille de 0.15 à 0.22, qui étouffe les mauvaises herbes, maintient l'humidité et arrête la terre fine. M. Brunner, à Sumatra, a constaté que l'alang-alang convient parfaitement pour cet usage;

3° Un procédé connu sous la désignation de *Trenching* ou de *Waterholing*, très onéreux mais capable de rendre service à Sâo-Paulo, consiste à tracer entre chaque groupe de 4 arbres des fossés plus ou moins profonds dans lesquels se dépose la terre fine entraînée par les pluies.

La taille du caféier est le point le plus délicat de sa culture, car la façon dont on doit la pratiquer dépend non seulement du climat et de la variété, mais même des différences individuelles.

Elle a pour but de faciliter la cueillette, d'assurer l'éclairement et l'aération des parties intérieures du feuillage, de choisir le meilleur bois fructifère et, dans quelques pays, de remédier aux ravages des vents en rétablissant l'équilibre entre le développement des diverses parties de l'arbre.

Or, la facilité de la cueillette et l'éclairement des parties centrales sont liés à l'écartement des plants; la qualité du bois dépend de la perfection de la culture; le dernier point est d'importance secondaire et se rattache aux conditions climatériques locales.

Au Brésil, où les plants sont écartés de plusieurs mètres, on se contente d'enlever chaque année le bois sec, sauf à supprimer la tige principale pour régénérer les vieux plants en provoquant le développement des bourgeons adventifs. Aux Indes, en plantations à rangs serrés, la taille est plus compliquée et exige une sérieuse attention.

Ce qui importe le plus, c'est la suppression du bois inutile et les planteurs brésiliens auraient, sous ce rapport, beaucoup à apprendre de leurs collègues des Indes, bien que ces derniers soient aussi loin d'être d'accord. La connaissance de la taille ne peut d'ailleurs s'acquérir qu'à la longue, par la pratique, soit en séjournant dans les pays où la taille est la mieux faite (sud des Indes), soit en réunissant lentement soi-même ses propres observations. Elle ne s'enseigne pas plus dans les livres que la façon d'aller à bicyclette ou en traîneau.

D'une manière générale, il ne faut tailler que le café d'Arabie et ses variétés culturales, puisque le café de Liberia porte des fruits toute l'année.

On donne à l'arbre une hauteur variant de 45^{cm} (dans quelques cas exceptionnels à Ceylan) à 2 m., en coupant ou pinçant la tige principale ; en provoquant le développement des bourgeons adventifs, on forme au Natal des arbres à deux ou trois têtes qui n'offrent pas grand intérêt.

L'aération des parties centrales est obtenue par la suppression de toutes les ramifications de second et de troisième ordre à 15^{cm} en tous sens autour du tronc.

Pour favoriser la fructification, on supprime toutes les pousses verticales, à mesure qu'elles se développent ; il ne faut pas qu'une même branche porte fruit plus de deux ou trois fois ; il y a toujours avantage à supprimer une partie des fruits quand ils surchargent l'arbre par leur extrême abondance.

On n'est pas d'accord sur l'époque à laquelle la taille doit être pratiquée. Il semble que ce devrait être aussitôt après la récolte ; on taillera plus ou moins généreusement, suivant la vigueur des plants et l'importance de la pousse annuelle.

Ce n'est qu'avec beaucoup de travail et d'adresse qu'on arrive à bien pratiquer la taille du caféier ; on n'obtient rien de bon en opérant par routine.

7. Importance de la nature de la variété cultivée.

La récolte dépend, dans une certaine mesure, en quantité et en qualité, de la nature des variétés cultivées. Il y a dans chacune des deux espèces de café intéressantes au point de vue cultural, café d'Arabie et café de Liberia, des variétés plus parfaites que les autres, pouvant donner de meilleurs résultats que celles-ci dans de bonnes conditions de culture et surtout par l'emploi des engrais. Mais ces variétés plus parfaites sont aussi plus délicates; leur réussite est plus difficile et elles restent bien loin derrière leurs concurrentes, si elles sont mal soignées ou cultivées en sols pauvres. Telles sont les différences qui distinguent le *café commun* du Brésil du *café Bourbon*. Le premier est une race grossière du pays et convient à la culture extensive; le second est une délicate variété culturale très propre à la culture intensive.

Parmi ces variétés, il en est de plus ou moins résistantes aux froids et aux maladies, parmi lesquelles il faudra choisir celles qui sont le mieux appropriées aux circonstances locales.

Nous ne sommes malheureusement pas en mesure de donner sur ce point des renseignements précis, parce que nous n'avons aucune donnée certaine sur les noms exacts des variétés cultivées dans les divers pays. La question se complique du fait que les plants introduits de l'étranger tendent toujours à se rapprocher d'une variété locale; les croisements entre les diverses variétés en augmentent encore la difficulté et il ne sera pas possible d'y répondre tant qu'on n'aura pas établi la classification et la synonymie des variétés de café.

Ce n'est que par des essais qu'on arrivera à savoir à

laquelle des variétés suivantes il convient de donner la préférence.

Au Brésil : café commun, Bourbon, Botocatu, Murta,
Maragogipe et *hybrico*; aux Indes : Mocha, Liberia et café
d'Arabie (on désigne souvent par ce nom aux Indes une
variété) ; à Bourbon : Mocha, Leroy, Mirtle, Aden.

On ne sait même pas encore si les variétés culturales sont
fixées et les premiers essais de sélection ont été entrepris
tout récemment par les Hollandais.

Le choix de la variété a certainement aussi une grande
importance sur la qualité des produits; mais nous ne pou-
vons nous en rendre compte parce qu'il n'y a pas de
rapport constant entre la valeur réelle du café et le prix
qu'en donne le commerce. Les cours subissent l'influence
de facteurs aussi nombreux que divers, parmi lesquels l'influence de la variété disparaît : le climat, le sol, le mode de
préparation des grains, les variations dans l'offre et la
demande, la mode et la spéculation causent des variations
de prix bien plus considérables que celles pouvant résulter
de la nature des variétés. Voici, par exemple, comment on
cotait à Hambourg, en fin 1898, les cafés de provenance
diverse :

Ceylan	2fr. 25	à	3fr. 25	le kilog.
Mocca	2 125	à	2 50	»
Porto-Rico,	1 875	à	2 20	»
Guatémala	1 60	à	1 85	»
Costa-Rica	1 125	à	1 75	»
Campinas	0 95	à	1 20	»
Java	1 625	à	2 75	»
Rio : bon ordinaire	0 87	à	1 00	»
Santos : bon	0 80	à	0 85	»
Afrique occidentale	0 65	à	0 775	»

De plus, il est hors de doute que le café de Liberia est

bien moins prisé par le commerce que les variétés du café d'Arabie et que, parmi ces dernières, les unes ont bien plus de valeur que les autres ; les extrêmes sont représentés par le « Sierra Leone », le moins coté, et le café de « Minhassa », le plus recherché.

TROISIÈME PARTIE

COMMENT PEUT-ON AUGMENTER LA PRODUCTIVITÉ D'UNE PLANTATION DE CAFÉIERS ?

Parmi les nombreux facteurs dont nous venons d'étudier l'influence sur la productivité des plantations, les uns échappent complètement à la volonté humaine et le planteur est sans pouvoir sur eux. Telles sont les conditions climatériques. D'autres, au contraire, sont entièrement soumis à sa volonté : le choix des plants, par exemple, et les soins de culture. Il est évident qu'on ne peut espérer de bons résultats quand on emploie de mauvais plants et qu'on les laisse envahir par les mauvaises herbes après les avoir mis en place sans soins; on court de même à la ruine en se lançant dans la culture d'une surface trop considérable pour les capitaux et la main-d'œuvre dont on dispose. Mais avec de la volonté et du travail, on échappe à ces accidents.

Entre les facteurs indépendants et ceux qui ne sont en quelque sorte que des instruments de la volonté de l'homme se place un troisième groupe de circonstances sur lesquelles le planteur peut agir, à l'occasion, pour satisfaire d'une façon complète aux besoins de la culture. Par exemple, il est toujours possible, quand on le veut, de protéger, par des ombrages, les plants contre les rayons solaires, de mettre les pépinières à l'abri des gelées et des vents, de construire des barrages pour empêcher l'entraînement des terres par les pluies, etc... Mais un fait d'une grande importance économique est spécial aux cultivateurs des régions tropicales. Ils trouvent sur le marché du monde les matières fertilisantes aux mêmes prix que leurs collègues d'Europe ou des États-Unis, mais ils peuvent les transformer en *produits agricoles* d'une valeur bien plus élevée que ceux d'autre origine.

L'étude des matières fertilisantes a donc un intérêt puissant pour les planteurs, et nous allons l'envisager successivement au point de vue scientifique et théorique et au point de vue agricole et pratique.

1. La fumure des plantations, considérée au point de vue technique.

Il résulte d'une enquête faite à Ceylan vers 1880 que le fumier bien consommé et additionné de chaux est l'engrais par excellence des caféiers et qu'il prolonge son action deux et trois ans; on y considère les engrais chimiques comme des stimulants, convenant peu au café (*are useful as stimulants and when applied with organic fertilizers, but they are generally considered to exhaust the soil, and are not advisable for coffee-Lock*).

On a essayé sur le café à peu près tous les engrais qui ont été mis dans le commerce, jusqu'à ce que l'importance prise par le thé ait détourné l'attention de ce sujet, et les résultats des expériences sont contradictoires.

Nous allons établir les principes qui doivent servir de guide à la fumure rationnelle du caféier en nous basant sur les résultats des recherches établies depuis 1888 à l'Institut agronomique de San Pâolo par nos collaborateurs et poursuivies plus tard sur de nombreuses plantations. Nos conclusions complètent ou justifient les procédés employés aux Indes; elles ont été pleinement confirmées par les observations toutes récentes de M. Rigaud, à Madagascar, et on peut espérer que les nouvelles recherches entreprises par la station créée à Java (Buitenzorg) résoudront cette question d'une manière définitive.

L'emploi général des engrais chimiques aux colonies rencontre deux obstacles importants. D'abord les producteurs et marchands d'engrais d'Europe se sont trop désintéressés du commerce des matières premières; il y a quelques années, les coloniaux ont été trompés par de fallacieuses réclames et ils ont employé des engrais composés sans rapport avec les besoins de leurs sols et de leurs cultures; l'insuccès de ces tentatives a eu pour suite naturelle une grande défiance envers les engrais chimiques. En second lieu, les planteurs, habitués à la vie facile et sans préoccupations des riches domaines des pays chauds, n'ont pas la moindre idée des durs travaux de la grande culture européenne. Entretenir du bétail, soigner du fumier, etc., sont pour eux des choses nouvelles auxquelles leur indolence ne s'accoutumera qu'avec peine.

Il importe cependant d'éveiller toute leur attention par la vulgarisation des connaissances agricoles, qui est le devoir des agronomes, et par une propagande active et intelligente à laquelle tous les marchands d'engrais sont fortement intéressés.

a) *Exigences du caféier.*

Le tableau suivant représente les quantités de matières fertilisantes qui sont contenues dans la production annuelle à différents âges d'un plant de café (café commun national) cultivé en sol de richesse moyenne [1] :

1. D'après Landw. Jahrbücher, 1893, p. 27; les chiffres relatifs à l'azote sont empruntés à des travaux encore inédits.

Fig. 3. — Café commun, en sol sableux, pauvre en humus.
Plant d'un an, cultivé *sans engrais*.

Age	Chaux	Magnésie	Acide phosphorique	Potasse	Azote
1 an	0ᵍ 057	0ᵍ 019	0ᵍ 013	0ᵍ 119	0ᵍ 215
2 ans	0 253	0 089	0 120	0 433	0 271
3 ans	3 434	1 150	0 653	6 292	6 345
4 ans	5 030	1 574	1 041	9 805	10 674
6 ans	12 425	3 910	2 390	21 673	18 106
10 ans	11 268	3 619	1 778	16 011	18 066
40 ans	4 138	1 283	0 663	6 056	5 538

Ces chiffres, qui n'ont d'ailleurs rien d'absolu, sont très voisins de ceux de M. Rigaud et de M. Grandeau. Le premier évalue les exigences du café à 10 ans à 32 kilog. 44 d'azote, 6 kilog. 84 d'acide phosphorique et 35 kilog. 10 de potasse pour une récolte de 1.800 kilog., soit entre les éléments fertilisants une relation de 0.92 d'azote et 0.19 d'acide phosphorique pour 1 de potasse, alors que dans nos tables ce même rapport est de 0.98 et de 0.11.

D'après les résultats de M. Grandeau sur de jeunes caféiers de 4 ans, appartenant à la même variété, il faudrait 1.38 d'azote et 0.16 d'acide phosphorique pour 1 de potasse, tandis que les résultats du tableau donneraient 1.09 et 0.10. Il semble donc que ces caféiers, originaires de Nouvelle-Calédonie, soient plus riches en azote que ceux du Brésil et de Madagascar.

b) *Besoin d'engrais.*

Les engrais ne servent pas exclusivement à restituer au sol les strictes quantités d'éléments fertilisants contenues

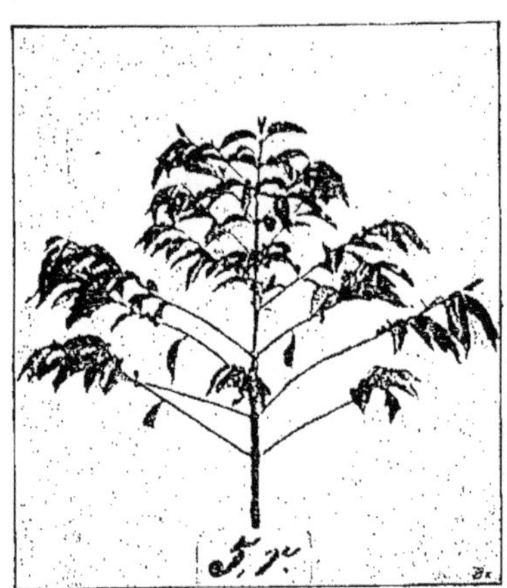

Fig. 4. — Le même plant que fig. 3, à 3 ans (mars 1897). Il a donné en 1897 : 0 gr. 6 de café marchand.

dans les récoltes ; mais ils permettent surtout d'amener le plus tôt possible le café à une haute productivité et de le maintenir à cet état très longtemps.

A quelles doses et sous quelles formes convient-il de les employer pour arriver à ce résultat? Des expériences de longue durée permettront seules de répondre, mais on peut déjà considérer comme très *vraisemblables* les chiffres suivants qui représentent les besoins annuels du café.

Il faut, par arbre et par an :

	Acide phosphorique.	Potasse.	Azote.
Pendant les 4 premières années..	1^{g}13	10^{g}72	4^{g}48
De 5 à 8.....................	8 88	34 90	16 20
De 9 à 20....................	7 15	20 81	13 10
Pour les vieux arbres...........	4 30	13 85	2 31

Dans les premières années, on favorise la croissance de la plante en lui donnant beaucoup d'azote ; quand elle commence à produire, on augmente au contraire la proportion d'acide phosphorique et de potasse, pour assurer une fructification abondante, et on se limite, pour les arbres âgés, à une simple restitution des éléments exportés dans l'année.

Il est bien entendu que ces chiffres n'ont rien d'absolu, mais qu'ils se modifieront très probablement, au contraire, avec les progrès de nos connaissances.

c) *Utilisation des engrais.*

On ne peut pas estimer d'une façon précise la portion des engrais réellement utilisée par les plants; en sol sablo-argileux, c'est environ 25 °/₀ des engrais très solubles et 40 à 60 °/₀ des engrais à lente décomposition. Mais ces nombres varient dans une large mesure avec la fertilité du sol et sa richesse en humus, et avec la nature et la quantité des engrais employés.

Pour le caféier, les matières organiques facilitent considérablement l'absorption des engrais minéraux, comme il est facile de le voir à l'inspection des clichés qui accompagnent ce travail.

Les photographies ont été prises sur deux sols de nature

Fig. 5. — Café commun, en sol sableux, pauvre en humus.
Plant d'un an, *fumure organique*.

différente : l'un riche, l'autre pauvre en humus ; *l'influence des engrais minéraux a toujours été plus accentuée dans le premier cas, et, dans le second cas, elle a été d'autant plus grande qu'on employait en même temps de plus grandes quantités de fumures organiques.*

C'est même en forçant les doses de ces fumures organiques qu'on a obtenu les meilleurs résultats, et les engrais minéraux n'avaient plus alors aucune action.

Les photographies ne peuvent même donner qu'une insuffisante image de ces différences qui se traduisaient surtout par la couleur des feuilles, d'un beau vert bien sombre, en sols riches en humus et par la vigueur de tous les organes.

Fig. 6. — Le même plant que fig. 5, à 3 ans (mars 1897).
Il a donné en 1897 : 128 gr. de café marchand.

Les relations de poids de ces divers organes entre eux sont aussi loin d'être les mêmes, et le tableau suivant montre que ce sont encore les sols riches en humus qui donnent relativement le plus fort poids de grains.

QUANTITÉS DE MATIÈRES VÉGÉTALES PRODUITES PAR LES DIVERS ORGANES DES CAFÉIERS EN EXPÉRIENCE

(exprimées en centièmes de la production totale.)

NOTA. — Ces nombres se rapportent aux arbres représentés par les figures 4, 6, 8, 10, 12, 14, 16 et 18.

NATURE DE LA FUMURE.	FRUITS (Baies entières.)	FEUILLES	RAMEAUX ET TRONC	RACINES	TOTAL	CAFÉ marchand.
I. *Sol de mauvaise qualité, pauvre en humus.*						
Sans engrais..........	1 %	29 %	41 %	29 %	100	0 gr 6
Fumier et coques de café	24 %	25	34	17	100	128 0
Engrais minéraux.....	21	34	34	11	100	96 8
Fumier et engrais minéraux...........	42	18	23	17	100	473 5
II. *Sol de bonne qualité, riche en humus.*						
Sans engrais..........	5 %	41 %	38 %	16 %	100 %	17 gr 1
Fumier et coques de café	49	21	24	6	100	1847 0
Engrais minéraux.....	41	23	26	10	100	830 0
Fumier et engrais minéraux...........	52	18	22	8	100	1295 0

d) *Action des engrais suivant leur nature.*

I. La chaux et la magnésie ne doivent être employées seules qu'avec prudence, car à doses élevées elles gênent fort souvent la végétation du caféier ; il ne faut pas dépasser, dans les premières années, 8 à 10 gr. par arbre.

Dans les sols dépourvus de calcaire, on obtient de très bons résultats en plâtrant le fumier ou même en l'additionnant de chaux qui, sous cette forme, n'exerce plus d'action nuisible.

II. Le caféier ne supporte pas les doses massives d'engrais minéraux solubles et particulièrement de sels de potasse. Les engrais agissent d'autant mieux qu'on les applique à doses petites et répétées. C'est une vieille observation, que les planteurs oublient fort souvent et qui a une grande importance, car les blessures faites aux racines par les solutions salines sont suivies de la chute des feuilles et même, dans les cas graves, de la mort des arbustes. Les plants habitués dès le jeune âge aux engrais chimiques en supportent mieux l'application, même à doses relativement élevées.

III. Les engrais organiques et surtout les engrais animaux peuvent aussi causer des accidents, s'ils sont employés avant qu'ils aient fini de fermenter. L'effet des engrais végétaux est très différent suivant la façon dont s'opère leur décomposition dans le sol : il peut leur arriver de se dessécher lentement au lieu de se transformer en humus.

IV. Il faut habituer peu à peu les arbres malades aux engrais chimiques en débutant par de très faibles doses pour augmenter ensuite progressivement.

V. C'est une grave erreur de ne donner qu'un seul des éléments fertilisants. Tous, l'azote, l'acide phosphorique, la potasse et la chaux sont utiles à des titres divers et ne peuvent se substituer l'un à l'autre. — En face du prix très élevé des engrais azotés, les planteurs sont portés à croire qu'ils peuvent s'en passer ; l'expérience suivante montre que leur action est, au contraire, des plus accentuées.

Des pieds de café cultivés à la station de Campinas en 1896-97 dans des vases d'expérience, avec 6 gr. 5 d'acide phosphorique et 5 gr. 5 de potasse par pot, ont produit les quantités suivantes de matière végétale, par pot :

INDICATION DE LA FUMURE	CERISES	GRAINS	TRONC	RAMEAU	FEUILLES
Sans azote..............	413g	124g 4	738g	464g	570g
6g5 d'azote.............	1.149	287 3	661	536	444
13g1 d'azote	1.311	340 9	909	720	553

VI. Il n'est pas encore possible, faute d'expériences assez nombreuses, de choisir entre le sulfate d'ammoniaque et le nitrate de soude.

Les essais de Campinas (représentés par les fig. 19, 20, 21, 22, 23 et 24) ont donné les résultats suivants, qui représentent les cerises produites par un plant (moyenne de 136 pieds) en 1897 :

FUMURE	SANS ENGRAIS	26 g. 5 Superphosphate double. 88 g. 3 Chlorure de potassium. 123 g. 6 *Nitrate de soude.*	26 g. 5 Superphosphate double. 88 g. 3 Chlorure de potassium. 92 g. 7 *Sulfate d'ammoniaque.*
Sans fumier	1.970g	2.007g	4.715g
Avec fumier	4.002	5.712	5.833

Toutefois, on ne doit employer le nitrate qu'avec les plus grandes précautions dans les terres légères des régions tropicales, où il disparaît très rapidement sous l'action combinée des eaux et des phénomènes de dénitrification.

VII. Aucune expérience n'a encore été faite sur la valeur comparative des chlorures et des sulfates.

Fig. 7. — Café commun, en sol sableux, pauvre en humus.
Plant d'un an, cultivé aux *engrais chimiques*.

c) *Principes de la fumure du café.*

I. QUELS ENGRAIS FAUT-IL EMPLOYER ?

Il faut employer d'abord tous les engrais naturels produits
sur la plantation et surtout les engrais organiques, en s'effor-
çant d'en produire le plus possible [1], et les compléter ensuite
par les engrais chimiques.

---

1. Les plantes employées à faire des litières sont, au Brésil, le sapé
(*Andropogon bicornis Benth.*) ; à Java, l'alang-alang (*Imperata arundi-
nacea-Cyrilli*), et aux Indes, une fougère (*Pteris aquilina ?*), contenant
près de 3 °/₀ de potasse.

L'essai des poudrettes, guanos, etc., est à conseiller toutes les fois qu'on ne peut entretenir du bétail.

Les engrais verts ne sont généralement pas à leur place dans la culture du café, parce qu'on ne peut les cultiver et

Fig. 8. — Le même plant que fig. 7, à l'âge de 3 ans (mars 1897).
Il a donné en 1897 : 96 gr. 8 de café marchand.

les enfouir qu'entre les lignes d'arbustes, c'est-à-dire loin des racines dont ils doivent assurer l'alimentation ; mais surtout à cause des sécheresses persistantes qui s'opposent parfois complètement à leur décomposition, particulièrement dans la région aride (p. 11). C'est pour cette raison que les engrais verts ont donné de meilleurs résultats à Java qu'à Saint-Paul.

Il serait possible, en abandonnant quelque temps à l'air

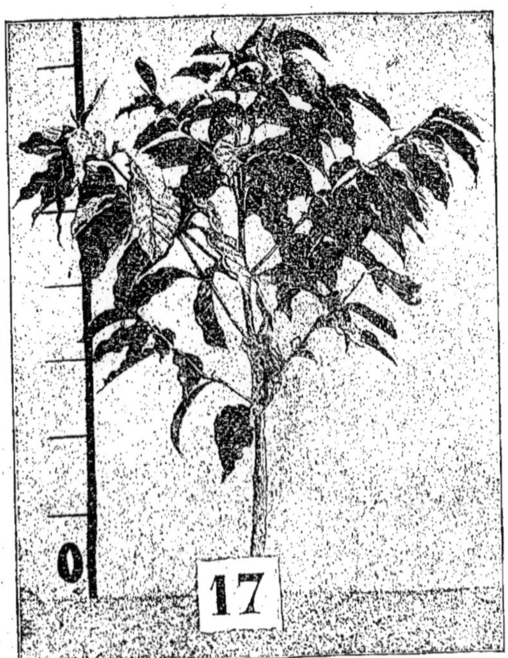

Fig. 9. — Café commun, en sol sableux, pauvre en humus.
Plant d'un an : *fumier et engrais chimiques.*

les engrais verts réunis en tas sur le sol, d'y provoquer une fermentation après laquelle on les enfouirait; on éviterait ainsi leur lente dessiccation, sans profit pour le sol; mais ce procédé est tellement coûteux que son succès paraît problématique. Dans les régions à longues sécheresses, c'est-à-dire dans la plupart des pays producteurs de café, on aura soin d'enfouir les engrais verts pendant la saison des pluies.

Toutes les fois qu'il est possible d'élever du bétail, il faut

Fig. 10. — Le même plant que fig. 9, à 3 ans (mars 1897). Il a donné en 1897 : 437 gr. 5 de café marchand.

le faire et ce serait alors une grave erreur économique de cultiver des engrais verts.

Quant aux engrais chimiques, il faut distinguer ceux qui sont très solubles, comme les superphosphates, de ceux qui le sont moins facilement, comme les scories.

Les engrais à action progressive s'imposent comme fumure fondamentale des jeunes plantations; ils conviennent aussi très bien aux fumures annuelles en sols très riches, comme les terres volcaniques noires ou rouges du Brésil, où la fumure a pour but d'empêcher le sol de s'épuiser, en lui restituant chaque année les exportations faites par les cultures. Les expériences faites sur d'autres plantes que le café ont montré la supériorité des engrais peu solubles en cette circonstance.

Les engrais immédiatement assimilables sont à préférer dans les quatre cas suivants :

I. Quand on veut reconstituer rapidement une plantation épuisée ou malade et l'amener rapidement au maximum de production.

II. Dans les sols pauvres, mais dont la situation convient parfaitement au café.

III. Pour parer à la rareté d'un élément dans des sols riches d'autre part (comme les terres roxa, dépourvues d'azote).

IV. Pour se mettre à l'abri de légers accidents climatériques (situation froide).

Si, dans un de ces quatre cas, les circonstances sont favorables à l'usage des engrais à lente décomposition, le prix de l'unité de matière fertilisante déterminera le choix entre les engrais très solubles et les autres; on donnera la préférence à ceux pour lesquels ce prix est le moins élevé.

Au premier rang de ces engrais applicables dans tous les cas se placent les scories Thomas; elles agissent bien, sont bien utilisées et peuvent, dans certaines circonstances, remplacer en partie le superphosphate; mais il n'est pas encore possible de savoir si ces avantages compensent aux yeux du planteur l'élévation sensible du prix du kilogramme d'acide phosphorique ; nous dirons la même chose des os dégéla-

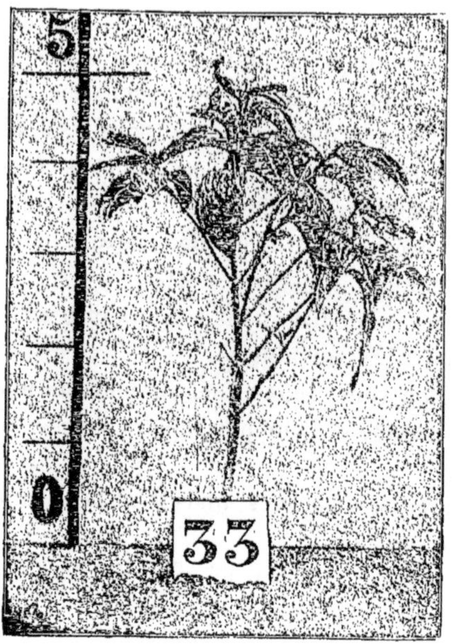

Fig. 11. — Café commun, en sol sableux, riche en humus.
Plant d'un an, sans *engrais*.

tinés et de quelques *guanos artificiels* d'origine sud-américaine.

A peu d'exceptions près, les engrais employés aux colonies proviennent d'Europe et supportent des frais de transport considérables. *Il y a donc tout avantage à donner la préférence aux engrais les plus concentrés.*

A Saô Paulo, par exemple, la Kaïnite à 12.5 °/₀ de potasse revient à 135 fr. la tonne, ce qui met le kilogramme de potasse à 1 fr. 08; tandis que le chlorure à 50 °/₀ de potasse revient à 365 fr, soit 0 fr. 73 le kilogramme de potasse.

Il en est de même du superphosphate ordinaire et du superphosphate double.

Fig. 12. — Le même plant que fig. 11, à 3 ans (mars 1897). Il a donné en 1897 : 17 gr. 4 de café marchand.

Devant les variations incessantes du prix des engrais et les prétentions exagérées du commerce intermédiaire d'outre-mer, il faut absolument que les planteurs coloniaux deviennent eux-mêmes des négociants et suivent avec soin les cours afin de pouvoir déterminer, à tout instant, sous quelle forme chacune des matières fertilisante leur est offerte au plus bas prix.

A ce point de vue, les engrais chimiques se classaient à São Paulo, de la façon suivante, au commencement de l'année 1898 :

FIG. 13. — Café commun, en sol sableux, *riche en humus*.
Plant d'un an : *fumier et coques de café*.

Engrais peu-solubles : guano de poisson, poudre d'os dégélatinés et scories Thomas.

Engrais solubles : sulfate d'ammoniaque, superphosphate double et chlorure de potassium.

Les *sels nutritifs*, encore plus riches que les précédents, comme le phosphate d'ammoniaque, le phosphate et le nitrate de potasse, étaient trop chers.

II. Formules d'engrais pour caféier.

Toutes ces formules supposent l'emploi de fumier et autres engrais organiques en quantités suffisantes.

A. *Engrais à décomposition lente, convenant surtout pour les terres riches.*

Mélange nº 1. — Sang desséché, scories Thomas et cendres de pulpes de café.

	Arbres de moins de 4 ans	Arbres de 4 à 8 ans	Arbres de 8 à 20 ans	Arbres de plus de 20 ans
	(Outre le fumier et des engrais organiques)			
Sang desséché..........	$63^k 7$	$56^k 9$	$60^k 8$	$24^k 4$
Scories Thomas	2 2	12 4	14 3	27 6
Cendres de pulpes......	34 1	30 7	24 9	48 0
Par arbre..............	650 à 700g pour les 4 années	450 à 500g par an	350g par an	100g par an

Mélange nº 2. — Sang desséché, scories Thomas, déchets de ricins et chlorure de potassium.

	Arbres de moins de 4 ans	Arbres de 4 à 8 ans	Arbres de 8 à 20 ans	Arbres de plus de 20 ans
	(Outre le fumier et des engrais organiques)			
Sang desséché..........	$31^k 9$	$25^k 0$	$23^k 5$	$12^k 9$
Scories Thomas	3 2	10 3	10 6	26 4
Déchets de ricin........	59 6	45 9	51 8	29 1
Chlorure de potassium..	5 3	18 8	14 1	31 6
Par arbre..............	900g pour les 4 années	650 à 700g par an	500 à 550g par an	150g par an

FIG. 14. — Le même plant que fig. 13, à 6 ans (mars 1897). Il a donné
en 1897 : 1.847 gr. de café marchand.

Mélange n° 3. — Cendres de pulpes de café et poudre d'os.

	Arbres de moins de 4 ans	Arbres de 4 à 8 ans	Arbres de 8 à 20 ans	Arbres de plus de 20 ans
	(Outre le fumier et des engrais organiques)			
Cendres de pulpes	90^{k}0	64^{k}8	63^{k}2	58^{k}9
Poudre d'os............	10 0	35 2	36 8	44 1
Par arbre............	250 à 300^g et 60^g sulf. d'ammo-niaque en plus^{rs} fois. *pour les 4 années*	200^g et 200 à 250^k sulfate d'ammonia-que. *par an*	150^g et 120^g sulf. d'am-moniaque. *par an*	80 à 100^g et 15^g sulf. d'ammonia-que. *par an*

B. *Engrais rapidement assimilables.*

Mélange n° 4. — Superphosphate double à 40 °/₀, chlorure de potassium et sulfate d'ammoniaque.

	Arbres de moins de 4 ans	Arbres de 4 à 8 ans	Arbres de 8 à 20 ans	Arbres de plus de 20 ans
	Outre le fumier et des engrais organiques)			
Superphosphate double..	6^{k}0	12^{k}8	14^{k}3	21^{k}5
Chlorure de potassium ..	46 0	40 3	33 3	55 4
Sulfate d'ammoniaque...	48 0	46 9	52 4	23 1
(Par arbre et *par an*)....	170 à 200^g en plus^{rs} fois de septembre à mai	600^g en 4 à 6 fois de septembre à mai	500^g en 2 fois septembre et mai	200^g en 2 fois septembre et mai

Ajouter ce mélange en complément au fumier, à raison de 100 kilog. du mélange pour 1 à 4 kilog. de fumier, compost et engrais analogues.

Arnold conseille, dans le sud de l'Inde, un mélange plus

Fig. 15. — Café commun, en sol sableux, *riche en humus*. Plant d'un an, avec *engrais chimiques*.

riche en acide phosphorique, qui peut convenir aux terres pauvres en cet élément. Il se compose de :

$33^k 3$ de superphosphate double à 45 °/₀.
33 3 de sulfate de potasse.
33 4 de sulfate d'ammoniaque.

Tous ces mélanges ont été préparés tout spécialement en vue des plantations du Brésil ; c'est ce qui explique la présence des cendres de pulpes de café, qu'on ne trouverait

pas, par exemple, aux Indes ; l'incinération des pulpes, qui
sont utilisées comme combustible, cause des pertes sensibles

Fig. 16. — Le même plant que fig. 15, à 3 ans (mars 1897). Il a donné
en 1897 : 830 gr. de café marchand.

de matières azotées. Les pulpes fournissent environ 1,8 %
de cendres à 59 % de potasse.

Il est facile, en partant de ces formules, de composer des mélanges avec d'autres produits susceptibles d'être employés comme engrais, dès qu'on en connaît la composition. C'est une simple règle de trois, simplifiée encore par l'usage des tables d'équivalents de Wolff qui ont été publiées en toutes langues ; on peut aussi recommander aux planteurs de consulter, au Brésil, le « Calendario Agricola do Instituto Agronomico de Campinas » ; aux Indes hollandaises, le « Indische Cultuur Almanak », qui paraît chaque année à Amsterdam chez J.-H. de Bussy ; à Ceylan, le « Tropical agriculturist », et dans les colonies allemandes, le « Tropenpflanzer ». Ils y trouveront d'utiles informations sur la valeur fertilisante des produits locaux. Les planteurs français pourront les chercher avec profit dans la *Revue des cultures coloniales* (Paris).

Ces mélanges ne sont que des compléments des fumures organiques ; il faudrait donc en forcer les doses, si on ne disposait pas du tout de fumures organiques ; ou bien les compléter par des engrais à lente décomposition et surtout des scories ; mais les résultats obtenus avec des fumures exclusivement artificielles ne valent jamais ceux des fumures mixtes.

Enfin, il ne faut rien prendre d'absolu dans tous les chiffres donnés, qui doivent varier avec la composition des terres. Les limites d'âge ne sont elles-mêmes que de simples indications, car des arbres bien soignés et bien fumés atteignent bien plus vite leur maximum de productivité et demandent une somme d'engrais plus élevée que leurs voisins du même âge, venus sans soins ni engrais.

Les formules que nous avons publiées répondent aux besoins d'arbres de vigueur moyenne, cultivés, à l'aide des engrais, dans des sols de fertilité ordinaire ; elles ne s'appliquent pas aux exceptions, qu'elles soient au-dessus ou au-dessous de la moyenne.

L'exemple suivant montre que l'âge des plants ne peut en aucune façon servir de base à leur fumure : il s'agit dans

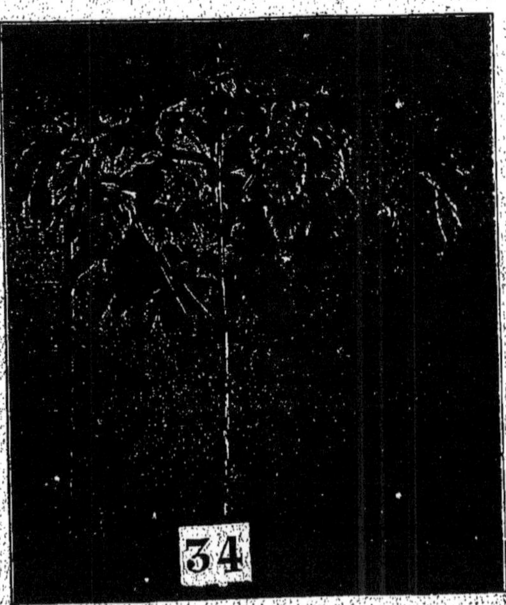

Fig. 17. — Café commun, en sol sableux, riche en humus.
Plant d'un an : fumier et engrais chimiques.

les deux cas d'arbres de 2 ans 1/2, et cependant leur composition est bien différente suivant qu'ils reçoivent ou non des engrais. On y a trouvé :

	Matière sèche.	Azote.	Cendres.
Sans engrais	148ᵍ5	5ᵍ 194	7ᵍ 645
Avec engrais	354 2	17 087	28 851

Il faut s'en rapporter à l'aspect des arbres et les traiter suivant leur vigueur : Les engrais se comportent comme les

remèdes en médecine; ils causent des accidents s'ils ne sont
pas en rapport exact avec les aptitudes individuelles.

Fig. 18. — Le même plant que fig. 17 à 3 ans (mars 1897). Il a donné
en 1897 : 1.295 gr. de café marchand.

Les quantités du mélange à employer par arbre corres-
pondent à un écartement moyen, soit de 800 à 1.000 arbres
à l'hectare, et il faut en tenir compte pour utiliser ces données dans les plantations plus ou moins serrées, en dimi-

nuant ou augmentant la dose de chaque arbre, de manière à conserver la même totalité pour l'hectare.

L'application des engrais est chose très facile. Quand il .s'agit de nouvelles plantations, on les mélange à la terre des trous de plantations dans lesquels on les enfouit. Pour les plantations déjà existantes, on peut se contenter de semer à la main les engrais à lente décomposition autour du tronc sur toute la surface ombragée par les rameaux et de les enterrer à la bêche.

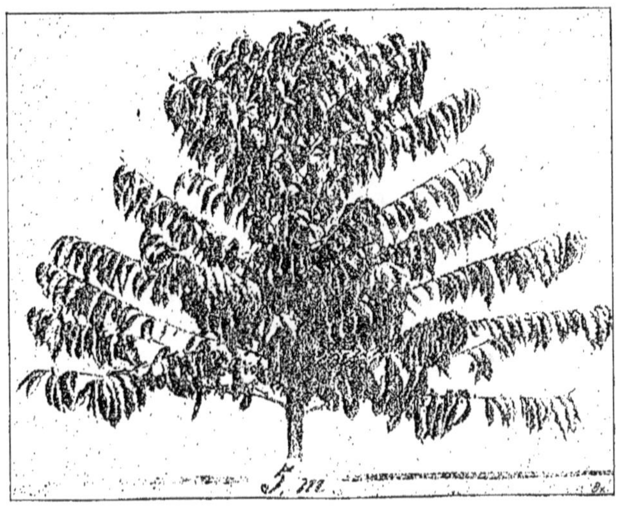

Fig. 19. — Café Bourbon. Plant de 3 ans *sans engrais*. Il a donné en 1897 : 14 gr. 5 de café marchand.

A Campinas, on mélange les engrais solubles de leur poids de terre et on prépare pour les ouvriers de petits gobelets de tôle renfermant la dose que doit recevoir chaque arbre. L'ouvrier porte dans un grand sac environ 30 kilog. d'engrais; il suit la ligne et met l'engrais au pied de chaque plant avec le gobelet préparé à cette intention; derrière lui vient un autre travailleur armé d'une bêche, qui répand et enfouit uniformément l'engrais autour de l'arbre. Le travail s'exécute ainsi très rapidement.

Fig. 20. — Café Bourbon. Plant de 3 ans, fumé au *fumier*. Il a donné en 1897 : 29 gr. de café marchand.

Il s'est déjà créé dans l'état de Sâo Paulo une entreprise assez curieuse. Des gens, habitués à l'emploi des engrais, se chargent de les répandre chez les planteurs moyennant une somme déterminée ou bien une part dans les récoltes. Ce système a de grandes chances de réussir dans l'Amérique où les planteurs se mettraient difficilement d'eux-mêmes à l'emploi des engrais, tandis qu'ils n'hésiteront pas à faire les

dépenses nécessaires à l'exécution du travail par des merce-
naires.

Il est inutile de semer des engrais entre les lignes, sauf
quand les plantations sont très serrées, comme dans le sud

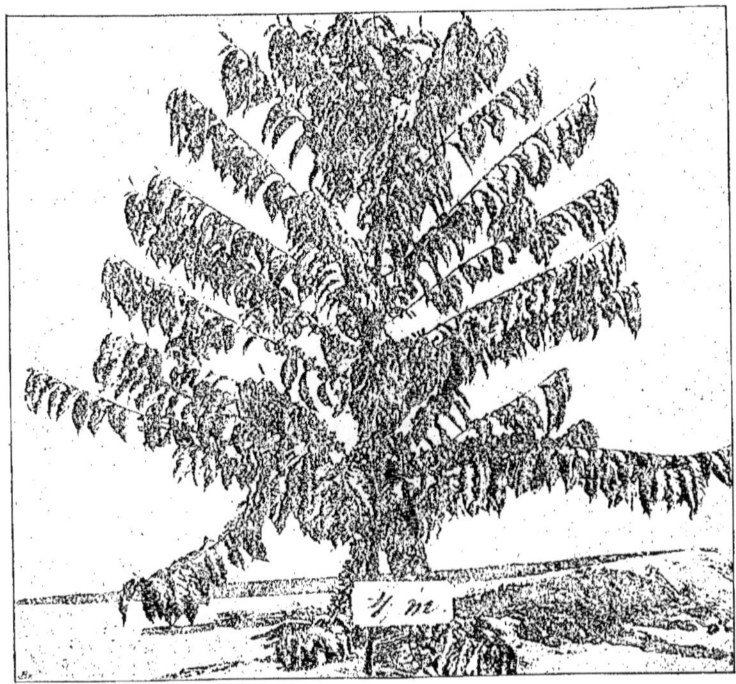

Fig. 21. — Café Bourbon. Plant de 3 ans, fumé aux *engrais chimiques
et fumier* (nitrate de soude). Il a donné en 1897 : 42 gr. de café
marchand.

de l'Inde. A ce point de vue, la culture du café semble
appartenir plutôt au jardinage qu'à la grande culture.

Les planteurs n'ont jamais avantage à acheter les engrais
tout préparés que leur offre le commerce. Ces mélanges sont
vendus très cher et leur composition ne répond presque

jamais aux besoins du sol et de la plante ; l'achat des matières premières est bien préférable. Quand elles ont été soigneusement emballées, elles arrivent en bon état et restent sèches et pulvérulentes tant qu'on les conserve dans des locaux

Fig. 22. — Café Bourbon. Plant de 3 ans, fumé au *fumier* et *aux engrais chimiques* (sulfate d'ammoniaque). Il a donné en 1897 : 43 gr. de café marchand.

convenables. S'ils arrivent très humides ou pendant la saison des pluies, il est bon de mélanger les engrais très hygroscopiques, comme le nitrate et le superphosphate double, de leur poids de terre, en ayant soin d'en doubler les doses prévues au moment de l'emploi. M. Lierke a conseillé de remplacer le superphosphate double, dont l'usage est rendu difficile dans certains pays par sa grande hygroscopicité, par du superphosphate ordinaire à 17 °/₀ mélangé d'environ 1/3 de poudre d'os dégélatiné ; ce procédé peut donner, dans certaines circonstances, de bons résultats.

Avec ces modifications, le mélange n° 4, indiqué page 42, devient le suivant :

1 à 4 kil.	fumier, compost ou engrais analogues.
19.1	superphosphates à 17 %.
8.2	poudre d'os dégélatiné.
28.3	chlorure de potassium.
44.4	sulfate d'ammoniaque.

et il faut en appliquer 600 grammes par arbre, en deux fois : septembre et mai.

L'achat des engrais est chose délicate et qui mérite attention. Il n'est pas possible d'en reconnaître la valeur par un examen superficiel, comme on peut le faire pour d'autres marchandises : l'analyse chimique seule peut la déterminer en montrant leur richesse en matières fertilisantes. Aussi faut-il exiger des négociants en engrais chimiques une garantie de composition, en s'en rapportant, pour vérifier cette composition, soit aux stations agronomiques locales, quand il y en a, soit à tel laboratoire connu de la métropole ; le prix de l'engrais doit être basé sur sa richesse. Toutes les maisons honnêtes et sérieuses ne font aucune difficulté pour accepter ces conditions, auxquelles elles sont habituées.

J'attirerai l'attention en terminant sur les engrais liquides, non pour en recommander l'application partout, mais parce qu'ils peuvent rendre service dans certains cas.

Les engrais chimiques employés en arrosage, en complé-

ment du fumier, donnent aux arbres un aspect particulièrement brillant ; le purin remplacera même avantageusement

Fig. 23. — Café Bourbon. Plant de 3 ans, fumé aux *engrais chimiques*
(nitrate de soude) *sans fumier*. Il a donné en 1897 : 14 gr. 8 de café
marchand.

les engrais chimiques ; nous n'avons pu l'employer à Saint-
Paul, pour des considérations hygiéniques, mais, au sud
des Indes, où son usage n'est soumis à aucune restriction,
Arnold conseille vivement de recueillir les urines avec grand
soin.

Le café obtenu dans ces conditions est une des plus belles
plantes de la flore tropicale, et ceux qui le voient à cet état
estiment avec raison qu'étant donnés ses remarquables

Fig. 24. — Café Bourbon. Plant de 3 ans, fumé aux *engrais chimiques*
(sulfate d'ammoniaque) *sans fumier*. Il a donné en 1897 : 34 gr. 7 de
café marchand.

résultats, on exagère en général l'importance des travaux et
des frais de la culture jardinière. Elle permet, le cas échéant,
de tirer meilleur parti de 100 arbres que de 1.000, traités
suivant les errements habituels.

III. RÉSULTATS PRODUITS PAR LES ENGRAIS

On n'a pas encore fait beaucoup d'observations précises et de longue durée sur les effets des engrais dans la culture en grand du café : leur introduction est encore trop récente et les planteurs, dans leurs essais, s'en tiennent à l'estimation superficielle de leurs produits, sans faire les pesées ni les longues séries d'expériences qu'exigeraient des recherches sérieuses.

Nous sommes cependant en mesure de donner un exemple frappant de l'influence des engrais par les résultats que nous avons obtenus dans la plantation de l'Institut agronomique de Campinas en employant le mélange 3, dont nous avons donné plus haut la composition. Cet exemple nous permettra en même temps d'établir le revenu qu'on peut attendre de la culture du café au Brésil dans les conditions actuelles.

Quand l'Institut entreprit, en 1893, la culture de cette plantation, elle était en très mauvais état, à peu près abandonnée, et produisait à peine de quoi couvrir les frais de culture; c'était d'ailleurs la situation de la plupart des plantations de la région. — A cette époque, on récoltait :

Pour 5.512 pieds de café : 5.400 litres de cerises, soit 810 kilog. 5 de café en grain, c'est-à-dire 150 grammes par pied.

Immédiatement après la récolte, on appliqua à la plantation la fumure que nous avons indiquée, mais, pour des causes tout à fait étrangères aux recherches, on ne put donner d'engrais qu'à dose moitié moindre et seulement aux plus mauvais pieds. Les autres n'eurent que du fumier et la plantation fut tenue dans un parfait état de propreté.

Le succès de ce traitement dépassa les espérances ; la croissance fut vigoureuse, la floraison et la fructification normales et abondantes, et la récolte s'élevait à 4.496 kilog. café en grains pour 5.512 arbres, soit 810 grammes par pied.

La fumure choisie fut ensuite employée régulièrement les années suivantes ; elle se composait de fumier ou de poudrette et d'engrais chimiques : superphosphate double, chlorure de potassium et sulfate d'ammoniaque, dans les proportions déjà données.

Les récoltes continuèrent à s'élever pour atteindre :

En 1895-1896 : 7.597 kilog., café en grains, pour 5.512 pieds, soit 1.380 gr. par pied ;

En 1896-1897 (mauvaise année) : 5.546 kilog., café en grains, pour 5.512 pieds, soit 1.000 gr. par pied.

Malheureusement, l'augmentation des récoltes n'a pas été suivie d'une augmentation proportionnelle des bénéfices, car le prix du café a considérablement baissé, pendant la durée de l'expérience, comme le montre le tableau suivant :

ANNÉES	Récolte d'un pied	Prix du kilogramme de café	Valeur de la récolte	DÉPENSES			Gain ou Perte
				Entretien	Fumure	Total	
1893-1894	150g	2f 075	0f 31	0f 54	» »	0f 54	— 0f 23
1894-1895	810	2.085	1.68	0.35	0.20	0.55	+ 1 13
1895-1896	1380	1.70	2.34	0.45	0.17	0.62	+ 1.72
1896-1897	1000	1.06	1.06	0.40	0.21	0.61	+ 0.45

Les prix ont encore baissé depuis cette date, si bien qu'à

l'heure actuelle les engrais chimiques ne laissent aux planteurs brésiliens aucun bénéfice.

Le fumier, au contraire, n'augmente pas sensiblement les frais de culture qui ne dépassent jamais 0 fr. 40 à 0 fr. 45 par arbre et il laisse encore un bénéfice même pendant les mauvaises années et avec les prix actuels. Ainsi, en 1896-1897, les parcelles qui n'avaient reçu que du fumier donnaient par pied environ 800 grammes de café en grains, à 1 fr. 06 le kilogramme, soit un produit de 0 fr. 85 pour une dépense de 0 fr. 42, ce qui laisse un bénéfice de 0 fr. 43 par pied.

Avec les engrais chimiques seuls, le bénéfice (engrais payés) n'augmente qne de 0 fr. 01 pour une dépense supplémentaire de 0 fr. 14, ce qui représente 22 % de la valeur de l'engrais. Mais il en serait tout autrement si les prix se maintenaient aux taux élevés qu'ils atteignaient autrefois. Comptées à 1 fr. 87 le kilogramme, ces récoltes vaudraient : avec fumier : 1 fr. 50, soit un gain de 1 fr. 08, et avec engrais : 1 fr. 87, soit un gain de 1 fr. 45, représentant 115 % de la valeur de l'engrais.

Les chiffres publiés à la page 32 montrent qu'en terres plus pauvres les engrais augmentent les récoltes dans une proportion plus considérable, faisant croître en même temps l'intérêt du capital engrais; l'inverse arrive pour les terres plus riches, si bien que c'est dans une certaine mesure dans les terres les plus mauvaises qu'on tirera le plus de profit des engrais.

Voici d'autres résultats obtenus par l'emploi des engrais :

Le docteur James Warne possède à Itapira une plantation de 15.000 pieds, dont les 2/3 sont très âgés, conduite depuis douze ans d'une façon de plus en plus intensive ; on y récoltait environ 2.500 Arroben = 37.500 kilog., soit 2 kilog. 5 de café en grains par arbre. Depuis quelques années, on y emploie un mélange dont la composition est très voisine de celle de notre n° 3, mais un peu moins riche en azote ; cet engrais éleva à 2 kilog. 7, la production moyenne par arbre. Des arbres qui avaient reçu de fortes doses de fumier ont donné jusqu'à 12 kilog., et d'autres fumés au fumier complété par les engrais chimiques 15 kilog. Ces résultats confirment nos idées sur la fumure du caféier ; on nous a communiqué des observations semblables de Saint-Paul, de Java, de Sumatra, de Guatemala, etc.

La fumure régularise aussi les récoltes ; voici quelques chiffres relevés, à cet égard, sur 50 arbres jeunes. Ils ne doivent donc pas être généralisés, bien qu'ils mettent nettement en évidence l'influence des engrais.

RÉCOLTES DE 50 CAFÉIERS DU JARDIN DE L'INSTITUT AGRONOMIQUE
DE CAMPINAS

	1891	1892	1893	1894	1895	1896	1897
Sans engrais : plantation	2^{g}5	35^g	200^g	90^g	605^g	560^g
Avec engrais : plantation	40	120	780	485	700	900

2. La fumure du café au point de vue agricole

Il n'y a rien de commun entre les cultures européennes et la culture du café ; cette dernière traverse en ce moment une crise dont la prolongation aurait pour effet de faire disparaître dans beaucoup de pays les plantations de peu de rapport. Le recul sera d'autant plus accentué que les frais de culture seront plus élevés, mais nulle part on ne sera disposé à modifier les méthodes culturales dans le sens que j'indique. Je veux encore insister cependant sur la pratique de l'emploi des engrais, parce que j'ai la conviction d'un prochain relèvement des cours, avec lequel s'accentueront les tendances à l'amélioration méthodique des cultures.

Cette réforme aurait pour effet d'abaisser le prix de revient du produit et d'en améliorer les qualités. Or, la question du prix de revient domine l'agriculture ; c'est d'elle que dépend le choix du mode de culture et le passage de la culture extensive à la culture intensive, parce qu'elle fixe le moment où cette dernière devient la plus avantageuse.

Quand on a commencé à cultiver le café, c'est par la culture extensive des contrées les plus favorablement situées qu'on arrivait le plus facilement à de bons résultats pécuniaires. Puis à mesure que ces premières plantations s'épuisaient, on en établissait d'autres plus loin des côtes, dans des situations moins favorisées et avec de moindres chances de succès, et le mouvement d'éloignement a continué jusqu'au moment où les chances de bénéfice ont disparu complètement devant l'élévation des frais de transport. C'est alors qu'apparaît la possibilité de tirer un meilleur parti des capitaux en remettant en culture, mais en culture *intensive*, les anciennes plantations abandonnées. Mais ce moment arrive plus tôt ou plus tard, suivant la situation financière du pays, sa richesse, suivant la situation douanière, etc. On ne peut donc indiquer à l'avance et d'une façon générale quand cette culture intensive devient nécessaire et avantageuse et il peut se faire que les méthodes que nous préconisons dans les chapitres précédents comme parfaites au point de vue technique ne soient pas à conseiller au point de vue économique ; on n'en peut juger que par la connaissance précise des conditions du travail et du marché des valeurs dans la région examinée.

Aussi convient-il d'envisager la question à ce point de vue, en se limitant aux deux points les plus importants.

1° Dans quels cas faut-il employer les engrais chimiques ?

L'emploi des engrais chimiques est avantageux toutes les fois que le bénéfice qu'ils produisent est supérieur au taux de l'argent dans le pays, puisqu'on fait alors de son argent un meilleur placement.

A ce point de vue, les plantations du Brésil peuvent être distinguées en trois groupes :

1° Le groupe des vieilles plantations établies au voisinage des côtes et dans de bonnes conditions commerciales, mais épuisées par une longue culture extensive ; exemple : l'État de Rio de Janejro ;

2° Le groupe des nouvelles plantations, où le sol est riche et le commerce facile, mais les frais de transport augmentés par l'éloignement des côtes. Exemple : Suedminas, Ribeirao Preto, Jahu, etc. ;

3° Les régions qui ont à vaincre des difficultés commerciales, comme Paranapanema. — Et dans chacun de ces groupes, il y a lieu d'examiner à part les points où il est possible d'entretenir du bétail, c'est-à-dire de produire du fumier, et ceux où cela n'est pas possible.

Toutes les fois que les circonstances locales permettent d'entretenir du bétail, il faut fabriquer le plus de fumier possible même, d'après Rigaud, si le bétail n'était par lui-même d'aucune utilité ; on peut ainsi augmenter la fertilité des plantations épuisées en transformant en fumier les fourrages cultivés sur les plus mauvaises parties du domaine.

C'est même la seule façon d'agir dans les plantations de la troisième zone qui ne peuvent supporter de grosses dépenses d'amélioration.

Ailleurs, il faut compléter le fumier par des engrais chimiques, et c'est évidemment dans la première zone que cette méthode donnera les meilleurs résultats ; c'est là que les bénéfices de la culture du café, déterminés avant tout par le climat, la facilité des transports et le voisinage des côtes, sont les plus assurés.

En temps normal, la reconstitution des anciennes plantations abandonnées et leur culture intensive serait certainement une entreprise des plus avantageuses[1].

Elle n'est malheureusement plus possible avec l'effondrement du marché qu'ont amené à l'heure actuelle des causes tout à fait étrangères à la culture.

Restent les plantations plus récentes, établies dans de bonnes conditions de sol et de débouchés, mais plus éloignées des côtes, et supportant de ce fait des frais de transport plus élevés. Ici, on n'emploiera les engrais chimiques que si les bénéfices qu'ils procurent surpassent l'intérêt de l'argent en ce lieu. A San-Paolo, par exemple, une dépense moyenne de 1.250 fr. par an ne donne qu'un bénéfice de 125 fr., soit 10 %, alors que l'intérêt y atteint 15 % ; il ne serait donc pas avantageux de continuer à employer les engrais chimiques. Mais c'est là une exception, et presque toutes les plantations de la deuxième zone se trouveraient d'autant mieux de l'usage des engrais que les Compagnies de chemin de fer, en ayant compris l'importance, accordent des prix de faveur pour le transport de ces matières.

---

1. La crise a provoqué une baisse considérable dans les prix des plantations, qui se vendent en ce moment bien au-dessous de leur valeur ; il y aurait là de véritables spéculations à faire en achetant à bon compte des plantations de la deuxième zone, destinées à augmenter beaucoup de valeur dans un avenir rapproché.

D'une façon générale, les engrais solubles seront d'un effet plus certain que ceux à lente décomposition, dont l'action progressive ne répond pas au genre de vie spécial aux plantes tropicales.

Si l'entretien du bétail est impossible, on peut substituer au fumier les engrais verts et les composts de pulpe de café, en les complétant par des engrais chimiques dans la mesure où ceux-ci sont d'un emploi rémunérateur.

2° A quel âge faut-il commencer l'application des engrais chimiques aux arbres des plantations dans lesquelles ils donnent de bons résultats?

Beaucoup de planteurs estiment, à tort, qu'ils font des économies en attendant, pour fumer leurs plantations, que leurs rendements diminuent. Il vaut beaucoup mieux, au contraire, quand l'expérience a démontré l'utilité des engrais, les employer dès le début afin d'assurer un rapide développement des arbustes et de les amener le plus tôt possible à une haute productivité. Le temps gagné paye largement les dépenses et travaux supplémentaires.

Nous avons résumé dans ce qui précède ce que l'on sait actuellement sur la culture rationnelle du café. Mais toutes ces données sont forcément générales, et le planteur doit savoir choisir lui-même parmi elles celles qui lui conviennent spécialement. Aux colonies encore plus qu'en Europe, il est à souhaiter que chaque planteur ait, dans un coin de sa propriété, un jardin d'essais, où il puisse vérifier et mettre à sa portée les découvertes des agronomes. Les merveilleux résultats que cet enseignement par soi-même a

produits en Europe, où la connaissance des lois de la végétation est relativement avancée, permettent de bien augurer
de son succès sous les tropiques où tant de problèmes sont
encore à résoudre.

Mais sous les tropiques, comme partout ailleurs, l'agriculture reste une industrie extrêmement difficile et labo-
rieuse dans laquelle le succès ne va qu'aux habiles et aux
travailleurs. Le cultivateur doit posséder avant tout trois
qualités importantes : l'esprit d'observation du naturaliste,
la prévoyance du commerçant et l'habileté de l'économiste.

TABLE DES MATIÈRES

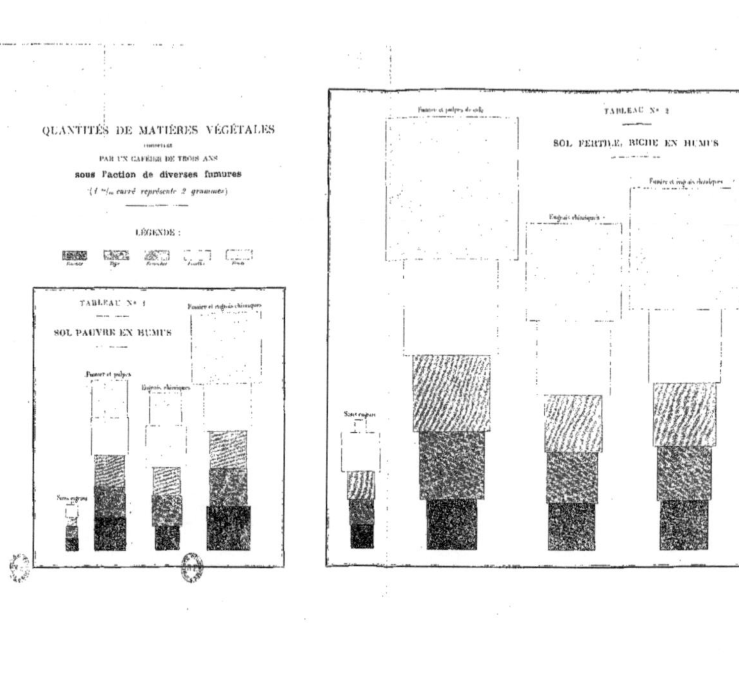

QUANTITÉS DE MATIÈRES VÉGÉTALES
constituées
PAR UN CAFÉIER DE TROIS ANS
sous l'action de diverses fumures
(1 m/m carré représente 2 grammes)
LÉGENDE :
Racines
Tige
Branches
Feuilles
Fruits
TABLEAU N° 1
SOL PAUVRE EN HUMUS
Sans engrais
Fumier et pulpes
Engrais chimiques
Fumier et engrais chimiques
TABLEAU N° 2
SOL FERTILE, RICHE EN HUMUS
Sans engrais
Fumier et pulpes de café
Engrais chimiques
Fumier et engrais chimiques